EL NIÑO QUE DOMÓ EL VIENTO

EL
NIÑO
QUE
DOMÓ
EL
VIENTO

William Kamkwamba
Bryan Mealer

Ilustrado por Anna Hymas

B DE BLOK

Título original: *The Boy Who Harnessed the Wind*
Primera edición: julio de 2020

© 2015, William Kamkwamba y Bryan Mealer
© 2018, Penguin Random House Grupo Editorial, S. A. U.
Travessera de Gràcia, 47-49. 08021 Barcelona
© 2022, Penguin Random House Grupo Editorial USA, LLC.
8950 SW 74th Court, Suite 2010
Miami, FL 33156
© 2018, Máximo González Lavarello, por la traducción
© 2015, Anna Hymas, por las ilustraciones

ISBN: 978-1-644732-64-9

Impreso en Estados Unidos – *Printed in USA*

22 23 24 25   10 9 8 7

A mi familia

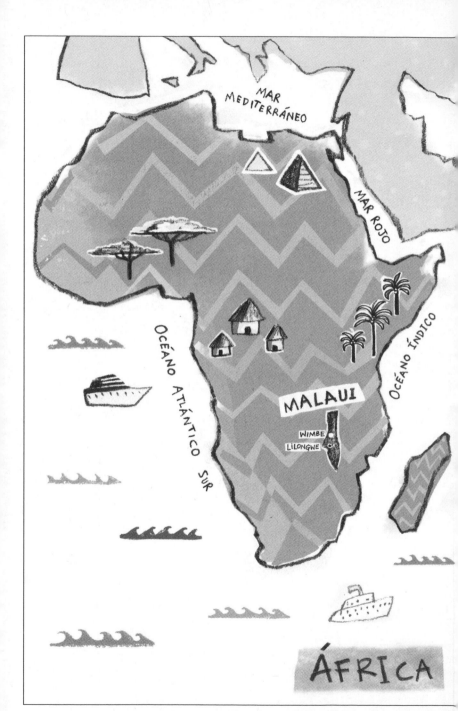

PRÓLOGO

La máquina estaba lista. Por fin, después de tantos meses de preparación, la obra había sido completada. El motor y las aspas habían sido fijados, la cadena estaba tensa y bien engrasada, y la torre se mantenía firme sobre el suelo. De tanto estirar y levantar, los músculos de la espalda y del brazo se me habían puesto duros como la fruta verde. Y, a pesar de que la noche anterior apenas había dormido, nunca me había sentido tan despierto. Mi invento ya era una realidad y tenía exactamente el mismo aspecto que en mis sueños.

La noticia de mi obra había corrido por la zona y la gente empezaba a llegar. Los comerciantes del mercado la habían visto levantarse desde la distancia y habían cerrado sus tiendas, mientras que los camioneros habían dejado sus vehículos estacionados en las cunetas de la carretera. Todos habían cruzado el valle hasta mi casa y se habían reunido debajo de la máquina, que contemplaban maravillados. Reconocí sus rostros. Eran los mismos que se habían estado burlando de mí desde el principio, y seguían cuchicheando, e incluso reían.

"Déjalos", pensé. Había llegado la hora.

Subí al primer travesaño de la torre y empecé a escalar. Al llegar arriba y quedar a la altura de mi creación, cuyos huesos de acero estaban soldados y torcidos, y cuyos brazos de plástico estaban algo quemados, la madera de la torre, que no era muy dura, crujió bajo mi peso.

Admiré, entonces, las demás partes: los tapones de botella que hacían las veces de arandelas, las piezas de tractor oxidadas y el viejo cuadro de bicicleta. Cada una tenía su propia historia; cada una había sido abandonada y luego recogida en una época de miedo, hambre y dolor. Ahora, todos juntos, ellas y nosotros, volvíamos a la vida.

Con una mano, sostenía una caña a la que había fijado un pequeño bombillo. Lo conecté al par de cables que colgaban de la máquina y me preparé para el último paso. Abajo, la multitud cacareaba como gallinas.

—Silencio —pidió alguien—. Vamos a ver hasta dónde llega la locura de este muchacho.

Justo entonces, una fuerte ráfaga de viento pasó entre los travesaños y me empujó contra la torre. Estiré el brazo, solté la rueda de la máquina y esta se puso a girar, lentamente al principio, y luego cada vez más rápido, hasta que la torre completa empezó a mecerse hacia uno y otro lado. Las rodillas me temblaban, pero aguanté.

"No me decepciones", supliqué en silencio.

Sin soltar la caña y los cables, aguardé a que tuviera lugar el milagro de la electricidad. Finalmente, en la palma de mi mano apareció un leve centelleo que no tardó en convertirse en un fulgor majestuoso. La gente contuvo la respiración y los niños se abrieron paso para verlo mejor.

—¡Tenía razón! —exclamó alguien.

—Pues sí —dijo otro—. El muchacho lo logró. ¡Ha hecho viento eléctrico!

1
CUANDO LA MAGIA DOMINABA EL MUNDO

Me llamo William Kamkwamba y, para entender la historia que les voy contar, primero tienen que entender el país en el que me crie. Malaui es una pequeña nación situada en el sudeste de África. En el mapa, parece un gusano rechoncho abriéndose camino a través de Zambia, Mozambique y Tanzania en busca de su espacio. A menudo, Malaui es llamado el Cálido Corazón de África, lo cual no dice nada sobre su situación, pero todo sobre la gente que lo considera su hogar. Los Kamkwamba provenimos del centro del país, de un pueblo muy pequeñito llamado Masitala, situado a las afueras de la ciudad de Wimbe.

Se preguntarán qué aspecto tiene un pueblo africano. Bueno, el nuestro consiste en unas diez casas construidas con ladrillos de barro y pintadas de blanco, con el techo hecho generalmente de hierba alta que recogíamos cerca de los pantanos, o *dambos*, como se dice en nuestro idioma, el chichewa. La hierba nos mantenía frescos en verano, pero en las noches de invierno, el frío se nos metía en los huesos y teníamos que dormir bajo una pila de mantas.

Todas las casas de Masitala pertenecen a mi extensa familia de tías, tíos y primos. En la nuestra vivíamos yo, mi madre, mi padre y mis seis hermanas, junto con varias chivas, una gallina de Guinea y algunos pollos.

Cuando la gente se entera de que soy el único varón entre seis hermanas, suele decirme: "Eh, *bambo* (que es como decir 'oye, muchacho'), ¡lo siento por ti!". Y es cierto. Lo malo de tener solamente hermanas es que a menudo se metían conmigo en la escuela porque no tenía hermanos varones que me protegieran. Además, mis hermanas siempre estaban revolviendo mis cosas, sobre todo mis herramientas y mis inventos, y no podía tener intimidad.

Cada vez que yo les preguntaba a mis padres por qué tenía tantas hermanas, siempre me contestaban lo mismo: que en la tienda de bebés se les habían acabado los niños. Sin embargo, como van a comprobar al leer esta historia, mis hermanas, en realidad, son geniales. Y cuando uno vive en una granja, toda ayuda es poca.

Mi familia cultivaba maíz blanco, al que, en nuestro idioma, llamamos cariñosamente *chimanga*. Y para cultivar chimanga hacían falta todas las manos posibles. Cada temporada de siembra, mis hermanas y yo nos levantábamos al alba para quitar las malas hierbas, preparar el terreno usando los azadones y plantar las semillas con cuidado. Cuando llegaba el momento de cosechar, volvíamos a estar ocupados.

La mayoría de las familias de Malaui viven del campo y se pasan la vida en él, lejos de las ciudades, ocupándose de los sembrados y cuidando de los animales. Donde vivimos, no hay computadoras ni videojuegos, y muy pocos televisores. De hecho, no tuvimos electricidad hasta hace muy poco y nos iluminábamos tan solo con lámparas de aceite que desprendían mucho humo y nos llenaban los pulmones de hollín.

En mi país, los campesinos siempre han sido pobres y muy pocos pueden permitirse estudiar. Ver a un médico también es complicado, puesto que la mayoría de nosotros no dispone de un vehículo. Desde el momento en que nacemos, se nos presenta una vida con unas opciones muy limitadas y, debido a la pobreza y a la ignorancia, los malauíes buscamos ayuda allá donde podemos.

Muchos de nosotros recurrimos a la magia, que es del modo en que empieza mi historia.

Yo mismo, antes de descubrir los milagros de la ciencia, creía que la magia regía el mundo. Y no me refiero a la magia de un ilusionista que se saca un conejo del sombrero o que corta a una mujer por la mitad, o esa clase de cosas que se ven en la televisión. Se trataba de una magia invisible, que nos envolvía como el aire que respiramos.

En Malaui, la magia adopta diferentes formas, la más común de las cuales es la del brujo, al que llamamos *sing'anga*. Los brujos son gente misteriosa. Algunos se muestran en público, normalmente en el mercado de los domingos, sentados en alfombras cubiertas de huesos, especias y polvos que aseguran curar cualquier cosa, desde la caspa hasta el cáncer. La gente pobre camina muchas millas para visitar a estos hombres, puesto que no tiene dinero para recurrir a médicos de verdad, y eso trae muchos problemas, sobre todo si el paciente está realmente enfermo.

Pongamos como ejemplo la diarrea, una afección común en el campo, causada por beber agua sucia, que, si no se trata, puede provocar la deshidratación del paciente. Todos los años, demasiados niños mueren por algo que se cura fácilmente con un régimen de líquidos y antibióticos. Sin embargo, mucha gente, por falta de dinero o de fe en la medicina moderna, se arriesga y recurre al diagnóstico del *sing'anga*.

—Bueno, ya sé lo que pasa —dice el brujo—. Tiene un caracol metido adentro.

—¿Un caracol?

—Estoy casi seguro. ¡Hay que sacarlo cuanto antes!

Entonces, el brujo mete la mano en su bolsa de raíces, polvos y huesos, y saca un bombillo.

—Levántese la camisa —dice.

Sin ni siquiera conectar el bombillo, lo mueve lentamente sobre el vientre del paciente, como iluminando algo que solo él puede detectar.

—¡Ahí está! ¿Ve cómo se mueve el caracol?

—Sí, creo que puedo verlo. ¡Sí, ahí está!

El brujo saca una poción mágica de su bolsa y derrama un poco sobre la barriga del enfermo.

—¿Se encuentra mejor? —pregunta.

—Sí, creo que el caracol se ha marchado, porque no lo noto moverse.

—Bien. Son tres mil kuachas.

Por un poco más de dinero, el *sing'anga* puede echar maldiciones sobre tus enemigos, enviar plagas a sus campos, hienas a sus gallineros o terror y tragedias a sus hogares. Eso me ocurrió cuando tenía seis años, o eso pensaba yo.

Estaba jugando delante de mi casa cuando pasaron unos muchachos que arrastraban un saco enorme. Trabajaban cuidando las vacas de un granjero de la zona. Esa mañana, cuando llevaban el rebaño de un pastizal a otro, habían encontrado el saco tirado en la carretera. Miraron dentro y vieron que estaba lleno de chicles. ¿Se imaginan semejante tesoro? ¡No tienen idea de cuánto me gustaban los chicles!

Al pasar a mi lado, uno de los muchachos me vio jugando en un charco.

—¿Le damos algo a este niño? —preguntó.

Yo ni me moví ni dije nada. Una gota de barro me cayó del pelo.

—Bueno, ¿por qué no? —contestó uno de sus amigos—. Tiene un aspecto que da lástima.

El muchacho metió la mano en el saco, sacó un puñado de chicles de todos los colores y me los dio. Cuando se marcharon, ya me los había metido todos en la boca. La saliva, pegajosa, me resbaló por la barbilla y me manchó la camiseta.

Yo no tenía ni idea, pero esos chicles pertenecían a un comerciante local, que pasó por mi casa al día siguiente. Le contó a mi padre que el saco se le había caído de la bicicleta cuando se iba del mercado y que, cuando regresó a buscarlo, había desaparecido. La gente del pueblo vecino le contó lo de los muchachos, y ahora el hombre pensaba vengarse.

—He ido a ver al *sing'anga* —le dijo a mi padre—, y quien se haya comido mis chicles lo va a lamentar.

Me quedé petrificado. Había oído lo que el *sing'anga* podía hacerle a una persona. Además de traer muerte y enfermedad, ¡aquellos hechiceros dirigían a ejércitos de brujas que podían secuestrarme durante la noche y convertirme en un gusano! Había oído que, incluso, podían convertir a los niños en piedras, dejándolos sufrir en silencio para toda la eternidad.

Ya podía sentir al *sing'anga* observándome y planeando su hechizo. Con el corazón latiéndome a toda velocidad, me adentré corriendo en el bosque que había detrás de la casa, tratando de huir, pero no sirvió de nada. Era como si pudiese notar su mirada mágica a través de los árboles. Me tenía en su poder y, en cualquier momento, yo saldría del bosque convertido en un escarabajo o en un ratón indefenso que acabaría siendo presa de los halcones. Sabiendo que no me quedaba mucho tiempo, volví corriendo a casa, al encuentro de mi padre, que estaba levantando una pila de maíz, y me lancé sobre su regazo.

—¡Fui yo! —exclamé, con el rostro cubierto de lágrimas—. Yo me comí los chicles robados. No quiero morir, papá. No dejes que me lleven, por favor.

Mi padre me miró un instante y sacudió la cabeza.

—Conque fuiste tú, ¿eh? —dijo, medio sonriendo.

¿Acaso no se daba cuenta del problema en el que me había metido?

—Bueno —continuó, haciendo crujir sus rodillas al ponerse de pie. Mi padre era un hombre alto y corpulento—. No te preocupes, William. Buscaré al comerciante y se lo explicaré. Seguro que encontramos el modo de resolverlo.

Esa tarde, mi padre caminó cinco millas hasta la casa del comerciante y le contó lo sucedido. A pesar de que yo no me había comido más que unas pocas bolas de chicle, le pagó el saco entero, que era casi todo el dinero que teníamos. Esa noche, después de cenar y de que me hubiesen salvado la vida, le pregunté a mi padre si realmente creía que me había metido en un problema.

—Pues sí, pero por suerte llegué justo a tiempo —respondió, para luego echarse a reír tan fuerte que la silla en la que estaba sentado empezó a crujir—. ¿Quién sabe lo que hubiera podido pasarte, William?

Mi miedo a los brujos y a la magia no hacía más que empeorar cada vez que mi abuelo me contaba alguna historia. Si hubieran visto a mi abuelo, habrían creído que él mismo era una especie de brujo. Era tan viejo que no recordaba en qué año había nacido, y tenía tantas arrugas que parecía que sus manos y sus pies habían sido cincelados en piedra. ¡Y su ropa! Mi abuelo se ponía todos los días el mismo abrigo y el mismo pantalón, ambos gastados a más no poder. Cada vez que regresaba del bosque, fumando un cigarrillo enrollado a mano, cualquiera hubiera pensado que a uno de los árboles le habían crecido piernas y se había puesto a caminar.

Fue mi abuelo quien me contó la historia más fantástica que yo había escuchado jamás. Mucho tiempo atrás, antes de que las gigantescas granjas de maíz y de tabaco hicieran desaparecer nuestros bosques, cuando cualquiera podía dejar de ver el sol bajo los árboles, todo estaba lleno de antílopes, cebras y ñus, igual que de leones, hipopótamos y leopardos. Mi abuelo era un cazador famoso, tan bueno con el arco y la flecha que acabó siendo el encargado de proteger a su poblado y de traer la carne.

Un día, mientras estaba cazando, se encontró a un hombre que había muerto por la picadura de una víbora. Dio la voz de alerta al poblado más cercano y regresó junto al muerto acompañado del brujo de la tribu.

Tras echar un vistazo al cadáver, el *sing'anga* metió la mano en su bolsa y esparció algunas de sus medicinas entre los árboles. Al cabo de unos instantes, la tierra empezó a moverse, al tiempo que cientos de serpientes salían de sus escondites y se reunían alrededor del cuerpo, como hechizadas. Entonces, el brujo se puso de pie sobre el pecho del muerto y tomó un trago de una poción, que pareció atravesar sus piernas y llegar al cadáver del hombre. En ese momento, para asombro de mi abuelo, los dedos del muerto empezaron a moverse, hasta que el hombre se incorporó. Juntos, el brujo y él, inspeccionaron los colmillos de cada víbora en busca de la que lo había mordido.

—Créeme —me dijo mi abuelo—. Lo vi con mis propios ojos.

Yo, por supuesto, me lo creí, igual que cualquier otra historia sobre brujería y fenómenos inexplicables. Cada vez que me aventuraba por algún camino oscuro, mi imaginación se desataba.

Lo que más me asustaba eran los *Gule Wamkulu*, los

bailarines mágicos que habitaban en los rincones sombríos del bosque. A veces aparecían de día y actuaban en ceremonias tribales cuando nosotros, los muchachos chewa, alcanzábamos la mayoría de edad. Según nos decían, no eran personas de verdad, sino espíritus de nuestros ancestros que vagaban por el mundo. Su apariencia era fantasmagórica. Cada uno tenía la cara pintada como un animal y vestía con la piel del mismo, y algunos andaban sobre zancos para parecer más altos. Una vez, vi a uno que se encaramaba a un poste como una araña. Cuando bailaban, era como si tuviesen dentro un millón de hombres y cada uno se moviera en una dirección diferente.

Cuando los *Gule Wamkulu* no estaban actuando, recorrían los bosques y los *dambos* en busca de niños para llevárselos a las tumbas. Lo que sucedía allí, nunca quise saberlo. Cada vez que veía a uno, incluso en una ceremonia, yo dejaba lo que estuviera haciendo y salía corriendo. Una vez, siendo yo muy joven, uno de esos bailarines mágicos apareció de repente en el patio de nuestra casa. Tenía la cabeza envuelta en un saco de harina, con un agujero a la altura de la boca y una larga trompa de elefante. Mi madre y mi padre estaban en el campo, así que mis hermanas y yo echamos a correr hacia los arbustos, desde donde vimos como se llevaba nuestros mejores pollos.

A diferencia de los *Gule Wamkulu* y los *sing'anga* del mercado, la mayoría de las brujas y hechiceros nunca revelaban su identidad. En los lugares donde llevaban a cabo su magia, sucedían cosas de lo más misteriosas. En la cercana localidad de Ntchisi habitaban hombres con las cabezas completamente afeitadas, altos como árboles, que, de noche, andaban por los caminos. También había camiones fantasma yendo de un lado para el otro, acercándose a toda velocidad con los faros encendidos y los motores rugiendo. Sin embargo, cuando las luces se acercaban a uno, no había camión alguno. En otro de los poblados vecinos, se rumoraba que un brujo había reducido a un hombre de tal manera que su esposa lo guardaba en una botella de Coca-Cola.

A menudo, además de echar maldiciones, los *sing'anga* se peleaban entre ellos. De noche, se montaban en sus aviones y surcaban el cielo en busca de niños que pudieran secuestrar y convertir en soldados. Esos aviones podían ser cualquier cosa: un cuenco de madera, una escoba o un simple sombrero. Y eran capaces de recorrer grandes distancias, como de Malaui a Nueva York, en cuestión de un minuto. Los niños eran usados como conejillos de indias y enviados para probar los poderes de hechiceros rivales. Otras noches, jugaban macabros partidos de fútbol en los que la pelota era la cabeza de alguien a quien habían decapitado mientras dormía.

Por la noche, al acostarme, pasaba tanto miedo pensando en esas cosas que llamaba a mi padre a gritos.

—¡Papá! —exclamaba—. No puedo dormir. Tengo miedo.

La magia no tenía cabida en la vida de mi padre, cosa que, a mis ojos, lo hacía parecer todavía más fuerte. Como presbiteriano devoto, creía que Dios, y no la magia, era quien mejor podía protegerlo.

—Hay que respetar a los brujos —aseguraba, arropándome—. Pero recuerda, William: con Dios de tu parte, ellos no tienen ningún poder sobre ti.

Sin embargo, a pesar de confiar en mi padre, a medida que fui haciéndome mayor empecé a preguntarme si sus argumentos también contaban para Chuck Norris, Terminator o Rambo, quienes llegaron a Wimbe un verano y causaron tremendo alboroto.

Todos ellos aparecían en películas de acción que pasaban en el "videoshow" local, que en realidad era solo una cabaña de adobe con algunos bancos, un televisor y un reproductor de video. De noche, allí acontecían cosas maravillosas y misteriosas, pero como no me permitían salir de casa a esas horas, nunca pude ver ninguna, así que tenía que conformarme con las historias que contaban al día siguiente los amigos cuyos padres no eran tan estrictos.

—Anoche vi la mejor película del mundo —decía mi amigo Peter—. Rambo saltó desde lo alto de una montaña sin dejar de disparar, matando a todo el mundo y haciendo que la montaña explotara —nos explicaba, fingiendo sostener una ametralladora y disparar en todas direcciones.

—¿Por qué no pasan esas películas de día? —preguntaba yo—. Siempre me las pierdo todas.

La vez que dieron *Terminator* fue, sencillamente, impresionante. Cuando vi a Peter a la mañana siguiente, todavía no se había recuperado del impacto.

—No entiendo esta película, William. Al hombre ese le disparan en todas partes y sigue con vida. Te digo una cosa: el Terminator este debe de ser el brujo más poderoso del mundo.

Aquello era demasiado.

—¿Crees que los estadounidenses tienen tanto poder? —pregunté—. No lo creo.

—Pues te prometo que es lo que vi —contestó Peter.

Aunque tardaría unos cuantos años en ver algunas de esas películas, lo cierto es que influyeron en mi modo de jugar. Con mi primo Geoffrey, empezamos a usar pistolas hechas con ramas de *mpoloni*, un tipo de arbusto. Buscábamos una rama recta, le sacábamos las fibras interiores, como cuando sacas el cartucho de tinta de dentro de un bolígrafo, y la usábamos como cerbatana para disparar bolitas de papel húmedas.

Yo era el capitán de un equipo y Geoffrey del otro. Formábamos escuadrones con los demás primos y nos íbamos persiguiendo entre las casas del poblado.

—¡Vayan por la izquierda, que yo iré por la derecha! —les ordené a mis soldados una tarde, tras lo cual empecé a arrastrarme encima de la tierra roja. Mi pobre madre se pasaba la vida restregando nuestra ropa sucia.

Enseguida divisé los pantalones de Geoffrey detrás de una esquina de la casa. Lentamente, y sin asustar a las gallinas, me dispuse a tenderle una emboscada.

—*Tonga!* —grité. Entonces me llevé la cerbatana a la boca y disparé una lluvia de papel mojado sobre su cara.

Él se puso la mano en el pecho y se tiró al suelo.

—*Eh, mayo ine!* —exclamó. "Me agarraste".

Geoffrey, Gilbert y yo éramos muy buenos amigos. El padre de Gilbert era el jefe de nuestro distrito Wimbe, y todo el mundo se refería a él como Jefe Wimbe, a pesar de que su verdadero nombre era Albert. Cuando Geoffrey y yo nos aburríamos de jugar en el patio, nos íbamos al de Gilbert.

—Vamos a ver cuántos pollos podemos contar —dije yo en una ocasión mientras me alejaba por el sendero.

Ir a casa de Gilbert siempre era divertido, porque su padre estaba ocupado todo el tiempo atendiendo las quejas e inquietudes de camioneros, granjeros, comerciantes y vendedoras del mercado que esperaban en fila a ser recibidos. Como sospechábamos, la mayoría de aquellas personas llevaban un pollo debajo del brazo, a modo de obsequio para el jefe.

—Conté diez —murmuró Geoffrcy.

—*Yah* —dije—. Hoy debe de tener mucho trabajo.

El mensajero y guardaespaldas del jefe, el señor Ngwata, estaba junto a la puerta, vestido como un oficial de policía, con pantalones cortos y botas militares. Su tarea era proteger al jefe y filtrar a los visitantes. Aparte, era el encargado de coger los pollos.

—Vengan, entren —dijo, haciéndonos pasar.

El jcfc cstaba sentado en el sofá de la sala de estar, vestido con una camisa bien planchada y unos bonitos pantalones. Los jefes solían vestirse como hombres de negocios, jamás con plumas o pieles como se ve en las películas. Otro aspecto del Jefe Wimbe era que adoraba a su gato, que era blanco y negro, y no tenía nombre. En Malaui, solo los perros tenían nombre. No sé por qué.

Nos encontramos a Gilbert en su habitación, cantando junto al radio. Tenía una voz preciosa y soñaba con convertirse en un cantante famoso. Mi voz, por el contrario, parecía la de la gallina de Guinea que chillaba entre los árboles de mi casa mientras hacía caca, pero eso nunca me impidió cantar.

—¡Gilbert, *bo*!

—*Bo!*

—¿Todo chévere?

—¡Todo chévere!

Eso era lo que decíamos siempre que nos veíamos. La palabra *bo* venía de *bonjour*, y habían empezado a usarla algunos muchachos que estudiaban francés en la escuela y que querían alardear. No sé de dónde venía lo de "chévere", pero era como decir "¿Va todo bien?". Si teníamos un día especialmente bueno, íbamos un poco más allá:

—¿Seguro?

—¡Seguro!

—¿Listo?

—¡Listo!

—¡Ehhhh!

—Vamos al mercado —dije—. Seguro que hay tesoros a montones afuera de Ofesi.

Ofesi Boozing Centre era el bar local de Wimbe y su bebida más popular era el Shake Shake, un tipo de cerveza de maíz que venía en envases de cartón. Nosotros no podíamos entrar en Ofesi, pero supongo que no tenían cubo de basura, porque todas las noches los hombres tiraban sus envases vacíos en la carretera. A Gilbert, Geoffrey y a mí nos gustaba recogerlos. Después de lavarlos con agua, eran unos camiones de juguete perfectos.

A pesar de que vivíamos en un pequeño pueblo africano, hacíamos muchas de las mismas cosas que hacen los niños en todo el mundo, solo que utilizábamos diferentes materiales. Después de hablar con amigos que hice en Estados Unidos, sé que estoy en lo cierto. En todas partes, los niños tienen maneras similares de jugar unos con otros. Además, visto de este modo, el mundo no es tan grande.

A mis amigos y a mí nos encantaban los camiones, sin importar del tipo que fueran. Adorábamos las volquetas de cuatro toneladas que salían de las granjas levantando polvo del mismo modo que nos encantaban las pequeñas camionetas que llevaban a la gente de Wimbe a Kasungu, la ciudad más cercana. Nos gustaban todos, y todas las semanas competíamos para ver quién construía el mejor. En Estados Unidos, los niños pueden comprar un camión en cualquier juguetería. En Malaui, sin embargo, construimos los nuestros con envases de Shake Shake y trozos de alambre. Para nosotros, eran igual de bonitos.

Hacíamos los ejes con alambre que comprábamos recogiendo mangos. Para las ruedas, usábamos tapones de botellas, pero los mejores eran los tapones de plástico de las garrafas de aceite de cocina que compraban nuestras madres, que duraban mucho más. Y si podíamos conseguir las cuchillas de afeitar de nuestros padres, grabábamos diseños en las ruedas para darle a cada camión un toque de distinción. De ese modo, las huellas que dejaban en la tierra nos indicaban si se trataba de un camión de Kamkwamba Toyota, por ejemplo, o de la Gilbert Company Ltd.

También fabricábamos nuestros propios *karts* de carreras, llamados *chigiriri*, que se parecían a los *kartings* norteamericanos. Hacíamos el cuadro con ramas gruesas y nos asegurábamos de buscar las que tuvieran grandes nudos en medio o forma de horca, para usarlas como asiento. A continuación, desenterrábamos unas grandes raíces tubulares llamadas *kaumbu*, que tenían aspecto de boniatos mutantes, y les dábamos forma de rueda. Los ejes los hacíamos con ramas de eucalipto.

Una vez que estaba todo ensamblado, lo sujetábamos con cuerdas, con la esperanza de que no se desmontara. Para mover el vehículo, uno de nosotros lo halaba con una soga, mientras que otro manejaba con los pies. Poníamos dos carros en paralelo y hacíamos carreras por el mercado.

—¡Vamos a correr!

—¡Claro!

—¡El último en llegar a la peluquería se queda ciego!

—¡VAMOS!

Después de la carrera, si teníamos algo de dinero encima, parábamos en la tienda del señor Banda a tomar una Fanta bien fresca y algunos caramelos. El señor Banda tenía la versión de Malaui de lo que sería una tiendecita de barrio. En sus estantes había margarina y leche en polvo, puesto que la mayor parte de la gente no disponía de un refrigerador donde guardar leche fresca. También vendía aspirinas, caramelos para la tos, lociones, jabones Lifebuoy y, en el estante inferior, antiácidos. Yo no tenía la menor idea de para qué servían los antiácidos, pero estoy seguro de que sabían a rayos.

Siempre que entrábamos allí, el señor Banda nos recibía con la expresión usual malauí.

—*Muli bwanji* —decía. "¿Cómo están?".

—*Ndiri bwino. Kaya inu* —contestábamos. "Bien, ¿y usted?".

—*Ndiri bwino. Zikomo.* —"Bien, gracias".

A continuación, la conversación siempre solía ser la misma.

—No se metan en problemas, ¿eh?

—*Yah.*

—¿Están ayudando a mamá y papá en casa?

—*Yah.*

—Bien. Denles un saludo de mi parte.

—Claro.

Si teníamos mucha hambre, juntábamos todo el dinero que tuviéramos e íbamos al *kanyenya*, que era un típico puesto de comida rápida de Malaui. En realidad, no era otra cosa que una olla de aceite hirviendo, pero la carne de chivo frita con papas que servían era de otro mundo.

—¿Cuánto quieren? —nos preguntaba el vendedor con mala cara.

—Cinco kuachas —respondíamos, o la cantidad de la que dispusiéramos en aquel momento. Cinco kuachas era menos de un dólar estadounidense.

Entonces, el hombre se volteaba, cortaba algunos trozos de carne de chivo que tenía colgando detrás de él, y los echaba en el aceite, seguidos de algunas rodajas de papa. Cuando todo salía a la superficie, lo servía sobre un mostrador de madera, junto a un puñado de sal.

—La comida de tu madre está muy buena —me dijo Gilbert una vez—. Pero no tanto como esta.

—*Yah*.

Mis padres querían que yo estuviera de vuelta antes del anochecer, que, de todos modos, era mi parte del día favorita. Era entonces cuando mi padre y el tío John, que era el padre de Geoffrey, terminaban su jornada en los campos de maíz y volvían a casa a cenar. En la cocina, Annie, mi hermana mayor, ayudaba a mi madre a preparar la cena. Como no teníamos electricidad, cocinábamos todo sobre el fuego. Mientras Annie iba alimentándolo con ramitas, mi madre revolvía una olla de algo delicioso, cuyo olor llegaba hasta el patio. A esa edad, me costaba esperar, incluso aunque antes hubiera comido *kanyenya* en el mercado, así que aguardaba en el umbral de la puerta, suplicando, mientras el estómago me rugía.

—Ya falta poco —decía mi madre—. Vete a lavar la cara y las manos y ya estará lista.

Antes de cenar, mis primos y yo solíamos juntarnos en el patio a jugar a fútbol. Como no teníamos dinero para una pelota de verdad, nos hacíamos la nuestra usando bolsas de plástico (que llamábamos *jumbos*) envueltas unas con otras y atadas con soga. No rebotaban como las auténticas, pero al menos podíamos jugar. Los niños de toda África hacen lo mismo.

Durante la estación de lluvias, cuando los mangos estaban maduros, llenábamos cubos con los de los árboles de nuestros vecinos y nos los comíamos de postre, dejando que el jugo, dulce y pegajoso, nos resbalara por los dedos. Si una noche no podíamos contar con la luna para iluminarnos, mi padre nos reunía a todos en la sala de estar, encendía una lámpara de keroseno y nos contaba viejas historias.

—Ahora, estense quietos y hagan silencio —decía—. Bueno, ¿les he contado alguna vez la historia del leopardo y el león?

—¡Cuéntanosla de nuevo, papá!

A veces mi padre se olvidaba de la historia y se la iba inventando a medida que nos la contaba, creando nuevos personajes y unos finales descabellados. Pero, a pesar de lo que nos gustaba escuchar esas historias, lo cierto era que, a veces, resultaba difícil distinguir la vida real de la fantasía.

Durante las épocas del año en las que sembrábamos y cosechábamos el maíz, dos trabajos que requerían mucho tiempo y esfuerzo, mi padre y el tío John contrataban a alguien que los ayudara. Normalmente, solía tratarse del señor Phiri, que era un auténtico portento. De hecho, cuando John y mi padre tenían que preparar un terreno para la siembra, ni siquiera usaban un tractor. En lugar de eso, contaban con Phiri, que era capaz de arrancar árboles del suelo como si de malas hierbas se tratara.

Todo el mundo sabía que el secreto de Phiri era la *mangolomera*, un tipo de magia que proporcionaba una fuerza sobrehumana. Solamente los hechiceros más poderosos de Malaui podían preparar la poción en cuestión, que consistía en una pasta hecha de huesos de leopardos y de leones. Para imbuirte de esa fuerza, el brujo practicaba cortes en tu piel con cuchillas especiales y extendía el ungüento sobre las heridas para que se mezclara con la sangre. Una vez que la poción entraba en tu organismo, ya nunca lo abandonaba, y su efecto aumentaba con el paso del tiempo. Solo los hombres más duros, como Phiri, podían vivir con eso dentro.

Phiri era tan fuerte que no había persona o animal capaz de derrotarlo. Una vez, mientras trabajaba en los campos, una mamba negra se deslizó sobre su pie y se dispuso a morderle, pero Phiri mantuvo la calma, se agachó y golpeó a la serpiente con una brizna de hierba, paralizándola. Entonces la cogió por la cabeza y la hizo volar hasta Mozambique. Había quien aseguraba que Phiri llevaba otra mamba negra metida en el bolsillo, como amuleto, y que la serpiente tenía demasiado miedo de él para morderlo.

Cuando yo tenía ocho o nueve años, la idea de la

mangolomera resultaba muy tentadora. Yo todavía era pequeño y tenía que soportar a los abusadores de la escuela. El peor de todos era Limbikani, que era alto y corpulento, y que tenía hermanos mayores, cosa que lo hacía todavía más fanfarrón.

Por el motivo que fuera, a Limbikani le gustaba meterse con Gilbert y conmigo. Un día, de camino a la escuela, nos esperó escondido detrás de unos árboles.

—Pero si son William y su amigo, el jefecito Wimbe —dijo, saliendo a nuestro encuentro.

—¡Déjanos en paz! —exclamé, sin poder disimular el miedo.

Limbikani se puso cuerpo a cuerpo con Gilbert.

—¿Dónde está tu papito, enano? Parece que no está aquí para protegerte. —Entonces, nos agarró a ambos por la camiseta y nos levantó en el aire como si fuéramos dos cachorrillos indefensos, y luego nos robó el almuerzo. Esto ocurría constantemente.

Mi tamaño no solo me dejaba indefenso ante los abusadores, sino también en el campo de fútbol. El fútbol me gustaba más que cualquier otra cosa y todos los fines de semana pegaba la oreja al radio para escuchar los partidos de la Malawi Super League, el campeonato de fútbol nacional. Mi equipo favorito eran los Nomads, cuyo jugador estrella era Bob *el Salvador* Mpinganjira, que recibió su apodo una Nochebuena cuando evitó una derrota contra los Big Bullets, el equipo al que yo más detestaba. A pesar de mi tamaño, ansiaba ser un jugador tan valioso como mis héroes. Cuando yo y los demás muchachos nos juntábamos a jugar o entrenar, yo era algo así como la estrella, al menos en mi imaginación.

Qué manera de destacar, sorteando defensas y pateando el balón con la velocidad de un misil.

Entonces, un día que estaba exhibiendo mi destreza ante mis amigos, Geoffrey y otros gritaron:

—¡Eh, Kayira, pásanos la pelota!

Kayira, por Peter Kayira.

A pesar de mi amor por los Nomads, mi mayor héroe del mundo entero era Peter Kayira, la estrella de los Flames, el equipo nacional, que para mí era aún más grande que el presidente. Que te llamaran así no era poca cosa. Yo no podía parar de sonreír.

Pronto, todo el mundo en el campo de fútbol empezó a llamarme Kayira. Incluso era ovacionado cuando iba al mercado.

—¡Eh, Kayira, hemos oído que juegas como un león!

Sin embargo, cuando llegaba la hora de formar los equipos, los capitanes, por algún motivo, se olvidaban de mí. Yo no dudaba en llamarles la atención, convencido de que estaban cometiendo un grave error, pero ellos me mandaban al banquillo. ¿Cómo era posible?

"Bueno", pensaba yo, "ellos sabrán, por algo son capitanes. A lo mejor me están reservando como su arma secreta para la final o no quieren que me lesione". Eso hacía que me sintiera todavía más especial. No obstante, cuando los demás jugadores pasaban junto al banquillo, me gritaban cosas como "¡Mantén el banquillo caliente" o "Te vamos a necesitar pronto, pero de *bolela*". Un *bolela* era un recogepelotas.

Fue entonces cuando me di cuenta de que todo había sido una broma. Me llamaban Kayira no por mi habilidad con la pelota, sino por todo lo contrario, así que el verano siguiente decidí hacer algo al respecto.

El señor Phiri tenía un sobrino llamado Shabani que siempre se las daba de ser un verdadero *sing'anga* que tenía la *mangolomera*. Gilbert y yo sospechábamos que se trataba de un cuento, pero no estábamos seguros del todo. Shabani era tan pequeño como yo, pero fanfarroneaba como un hombre tres veces mayor y eso nos hacía dudar. No iba a la escuela, pero se pasaba el día en el campo, trabajando con su tío. Por lo tanto, cuando yo regresaba a casa por la tarde y me quejaba de los abusadores, él solía estar ahí, sentado en un banco. Un día, después de escuchar otra de mis patéticas historias, me dijo:

—No paras de quejarte de esos muchachos: ya estoy harto. Si quieres, puedo darte la *mangolomera* y vas a convertirte en el niño más fuerte de la escuela. Ya verás que los abusadores no se vuelven a meter contigo.

Obviamente, tener superpoderes era el sueño de cualquier niño. En el campo de fútbol, por ejemplo, podría

37

correr como un guepardo. Los abusadores se mearían de miedo.

Mi padre siempre me había advertido que tuviera mucho cuidado con la magia, pero en ese momento, con Shabani enfrente, no pude resistirme.

—Está bien —escupí—. Vamos a hacerlo.

—Nos vemos en el bosque de eucaliptos en una hora —dijo él—. Trae veinte tambalas.

En dinero de Malaui, un tambala era el equivalente a un centavo.

Una hora después, me presenté en el bosque y esperé a que llegara Shabani, ansioso. Cuando apareció, traía un bolso negro con algo pesado dentro.

—¿Estás listo? —preguntó.

—*Yah*. Estoy listo.

—Siéntate.

Nos sentamos directamente sobre la suave tierra rojiza, Shabani abrió el bolso de las maravillas y sacó una cajita de fósforos.

—Aquí dentro están los huesos quemados de leones y leopardos, mezclados con raíces y hierbas.

A continuación, sacó un paquetico lleno de un polvo extraño, que procedió a mezclar con las cenizas.

—Esta es una combinación de ingredientes muy raros, que solamente se encuentran en el fondo del océano.

—Entonces, ¿cómo los has conseguido? —pregunté.

—Mira, niño —espetó—. Yo no soy una persona cualquiera. ¡Los conseguí en el fondo del océano! Estuve ahí abajo tres días seguidos. Si quisiera, podría convertir a la gente de tu pueblucho en hormigas. Así que no te hagas el listo conmigo, *bambo*. Si quieres recibir esta clase de poder, te va a costar mucho dinero. Esto que te voy a dar ahora es solo una pequeña muestra.

Ni siquiera lo vi sacar su cuchilla. Antes de que pudiera darme cuenta, cogió mi mano y me cortó los nudillos.

—¡Aaah! —grité.

—Quédate quieto y no llores —dijo—. Si lloras, no funcionará.

—No estoy llorando —me defendí, con los nudillos cubiertos de sangre.

Shabani cogió una pizca de aquella mezcla y fue aplicándola en cada uno de los cortes. La poción dolía como la picadura de cien abejas. Cuando terminó con las dos manos, respiré aliviado.

—¿Viste? No lloré —dije, jadeando, porque había estado conteniendo el aliento—. ¿Seguro que funcionará?

—Por supuesto.

—¿Cuándo voy a empezar a notar el efecto?

Shabani se lo pensó unos instantes.

—Espera tres días para que se te meta bien en la sangre —contestó al fin—. Entonces empezarás a notarlo.

—¿Tres días?

—Eso es y, hagas lo que hagas, no comas okra ni boniatos.

—Entendido.

—Y otra cosa —añadió—: no se lo cuentes a nadie.

Salí del bosque frotándome los nudillos. Aunque dolía horrores, tuve que reconocer que me daban un aspecto bastante duro. Esa noche, me quedé en mi habitación y no hablé con nadie.

Tres días era una larga espera, pero tenía que seguir con el plan. Acababan de empezar las vacaciones de verano y, al día siguiente, iría a visitar a mis abuelos, que vivían a unas horas de allí, en la ciudad de Dowa. Era el lugar perfecto para volverme poderoso y regresar al pueblo como un héroe.

Los tres días pasaron tan lentamente que pensé que iba a morirme de aburrimiento. Para colmo, mi abuela no dejó de darme tareas, como limpiar el patio y el gallinero, y fregar el suelo de la cocina, cosa que me dejó los brazos doloridos del esfuerzo. ¿Cuándo iba a empezar a sentirme fuerte?

El cuarto día, sin embargo, me desperté sintiéndome distinto. Los brazos me pesaban como si estuvieran cargados de piedras. Me palpé los músculos y noté que estaban tan firmes como el tronco de un árbol. Apreté los puños y comprobé que parecían sólidos como ladrillos. Acto seguido, salí de casa y eché a correr por el camino de tierra para ver si era más veloz que antes. No había duda. Sentí el viento en la cara como nunca antes. Esa tarde, mi tío Mada me invitó a ver un partido de fútbol al campo de la ciudad. "Perfecto", pensé. "Aquí podré poner a prueba mis poderes". Como de costumbre, el lugar estaba repleto de gente.

La verdad era que no me interesaba el partido. Examiné detenidamente al público en busca del muchacho más corpulento, y encontré uno que debía de tener más o menos mi edad y que estaba en el otro extremo del campo, en una esquina. Sin pensarlo dos veces, fui hasta él y pisé su pie descalzo. El muchacho pegó un grito.

—¡Oye! —dijo, agarrándose el pie—. ¡Me has pisado!

Me quedé mirándolo sin abrir la boca.

—Te dije que me pisaste. Me duele.

—¿Y qué? —respondí.

—¿Te parece bien?

—¿Por qué lo dices? ¿Qué piensas hacer?

—¿A qué te refieres? —preguntó él, confundido.

—Ya me oíste. ¿Qué piensas hacer, *kape*?

Kape quiere decir "idiota".

—Bueno, tú te lo buscaste —dijo—. Te voy a dar una paliza.

—A eso me refería.

Nos pusimos a movernos en círculos y, sin perder más tiempo, le lancé una lluvia de golpes tan rápidos y poderosos que apenas podía verme los brazos. Le di con la izquierda y con la derecha, y le propiné unos cuantos ganchos. Mis puños volaban de tal modo que ni siquiera noté nada al golpearle la cara. Pero, al cabo de unos instantes, el muchacho me dio pena y retrocedí para recobrar el aliento. Para mi sorpresa, no obstante, él seguía en pie, y no solo eso, sino que se estaba partiendo de la risa.

Antes de poder lanzar otro de mis mortíferos ataques, noté un dolor terrible en un ojo, y otro, y otro más. De repente, estaba tumbado en el suelo, recibiendo golpes por todas partes. Cuando mi tío vino corriendo a rescatarme, yo estaba llorando, cubierto de polvo.

—¿Qué estás haciendo, William? —exclamó—. ¿Cómo se te ocurre pelearte con este muchacho? Si, además, te dobla en tamaño.

Estaba tan avergonzado que eché a correr hacia la casa de mis abuelos y no salí en todo el fin de semana. Cuando regresé al pueblo, fui a buscar a Shabani y le pedí explicaciones.

—¡Tu magia no funciona! ¡Me dijiste que me volvería poderoso, pero en Dowa me dieron una paliza!

—Pues claro que funciona —dijo, tras lo cual vaciló un segundo—. Oye, no te habrás bañado el día que nos vimos en el bosque...

—Sí.

—Eso es. No tendrías que haberlo hecho.

—Tú no me dijiste nada.

—Claro que sí.

—Pero...

Evidentemente, me había dejado engañar. Mi primera y única experiencia con la magia me había dejado con las manos heridas, el ojo morado y una saludable dosis de escepticismo. Con el paso del tiempo, los hechiceros ya no me parecieron tan poderosos ni terroríficos, y empecé a ver el mundo de otro modo, basado en los hechos y la razón, y no en el misterio y la magia. De todos modos, el mundo seguía siendo un lugar lleno de penurias.

2
KHAMBA

En enero de 1997, cuando tenía diez años, mi familia sufrió una pérdida trágica y repentina.

Una tarde, mientras trabajaba en el campo, mi tío John se sintió mal y se desmayó. Mi padre lo llevó rápidamente a la pequeña clínica que teníamos en Wimbe, donde el médico le diagnosticó tuberculosis, una enfermedad mortal que afecta a los pulmones. Le aconsejaron que fuera sin perder tiempo al Hospital Kasungu, que estaba a una hora de camino, pero la camioneta de mi tío no funcionaba y, cuando mi padre consiguió que le prestaran otro vehículo, su hermano ya había muerto.

Era la primera vez que yo experimentaba la muerte de alguien cercano y la primera vez que veía llorar a mis padres. Lo sentí especialmente por Geoffrey, que se había quedado sin padre. Durante todo el día siguiente, hubo gente pasando por su casa para ofrecer sus condolencias y consolar a su madre. De vez en cuando, veía a Geoffrey salir de su casa, llorando y confuso.

—¿Y ahora qué, primo? —me preguntó—. ¿Qué pasará con nosotros?

—No lo sé —fue todo lo que atiné a responder.

Tras la muerte del tío John, todo se volvió muy distinto. Ahora que el hermano y socio de mi padre ya no estaba, él tenía que llevar la granja solo, y Geoffrey y yo íbamos a tener que ayudarlo a mantenerla a flote. Todos temíamos que se avecinaban tiempos difíciles.

Poco después del funeral del tío John, mi tío Sócrates perdió su trabajo en la plantación de tabaco de Kasungu. El hogar de su familia también estaba allí, lo cual implicó que tuvieran que volver al pueblo. El tío Sócrates tenía siete hijas, por lo que su regreso supuso una buena noticia para mis hermanas, aunque a mí no podía importarme menos. El día que regresaron, estaba ayudando a mi tío a descargar el camión de la mudanza cuando algo saltó al suelo desde adentro. Se trataba de un perro grande y baboso.

—¡Fuera! —exclamó Sócrates.

El perro se alejó unos instantes, pero no tardó en volver y mirarme fijamente a los ojos.

—Es nuestro perro, Khamba —dijo mi tío—. Pensé que podría vigilar a las chivas y las gallinas, que es lo que mejor hacía en la plantación.

Khamba tenía un aspecto de lo más extraño. Era de color blanco y tenía manchas negras repartidas por la cabeza y el cuerpo, como si alguien lo hubiera perseguido con un cubo de pintura. Tenía los ojos castaños y el hocico moteado con puntos rosados. A diferencia de la mayoría de los perros en Malaui, Khamba era grande, aunque flaco. Por lo general, en África los perros se usan para proteger granjas y hogares: nadie los tiene como mascotas, como en Estados Unidos, y, ciertamente, no les dan juguetes de goma ni comida especial. En Malaui, los perros se alimentaban de ratones y de sobras. Jamás había visto un perro gordo.

Khamba se quedó sentado, mirándome, mientras un espeso hilo de saliva le colgaba de la lengua. Tenía un olor curioso, como a fruta podrida. En cuanto Sócrates entró en la casa, el perro se sostuvo sobre sus patas traseras y me plantó las delanteras en el pecho.

—¡Eh, quita de encima! —grité. No quería que nadie pensara que me había hecho amigo de un perro—. ¡Vete a perseguir gallinas o algo!

Pero Khamba no se movió; incluso, hubiera jurado que me sonrió.

A la mañana siguiente, temprano, me tropecé con algo de camino al baño. Se trataba de Khamba, que estaba tumbado delante de la puerta de mi habitación, esperando con las orejas levantadas.

—Creo haberte dicho que me dejaras en paz —dije, deteniéndome enseguida. No quería que nadie me viera hablando con un perro.

Al volver del baño, me encontré a Sócrates en el patio.

—Veo que has hecho un nuevo amigo —me dijo, señalando al animal, que se había convertido en mi sombra—. Dios me ha bendecido con siete hijas, pero a ninguna le interesan demasiado los perros. Creo que Khamba está contento de haberte conocido.

—Yo no soy amigo de los perros —alegué.

Sócrates se echó a reír.

—Eso cuéntaselo a él.

Después de eso, desistí en mi intento de librarme de Khamba. De hecho, empecé a disfrutar de su compañía y, por mucho que me costara reconocerlo, nos hicimos amigos. Dormía todas las noches junto a la puerta de mi habitación y, cuando hacía frío, se metía en la cocina y se acurrucaba junto a las ollas y los sartenes. Tal y como había dicho Sócrates, resultó ser un buen perro guardián, y protegía a nuestras chivas y gallinas de las hienas y los perros salvajes que merodeaban por la noche.

A Khamba le gustaba jugar con los pollitos y las crías de chiva, a los que perseguía alrededor de la casa, haciendo que las chivas balaran y que las gallinas adultas batieran las alas y protestaran. Cada vez que eso ocurría, mi madre salía de la cocina y le lanzaba uno de sus zapatos a la cabeza.

—¡Basta ya, perro loco! —gritaba, haciendo que mis hermanas y yo nos desternilláramos de la risa. ¿Quién hablaba con los perros ahora?

Además de molestar a nuestros animales, el pasatiempo favorito de Khamba era cazar. En esa época, ir de caza había reemplazado a la mayoría de los juegos infantiles que solía jugar en casa y Khamba resultó ser el compañero ideal. Durante la estación seca, cazábamos los pájaros que paraban a beber en el *dambo* que había junto a la casa. Y en los meses de lluvia, los seguíamos hasta el bosque de cucaliptos, donde poníamos nuestras trampas y aguardábamos entre los arbustos. Esa clase de caza requería paciencia y guardar silencio, y Khamba parecía entenderlo de manera natural, como si llevara toda la vida dedicándose a ello.

Una mañana, cuando las lluvias ya habían quedado atrás, Khamba y yo nos dirigimos al bosque a colocar trampas. Yo llevaba mis instrumentos y materiales en un saco de tela que había atado al extremo del azadón. Dentro, había una cámara de bicicleta de caucho, una llanta de bicicleta rota, un poco de alambre que había cortado del tendedero de mi madre, un puñado de maíz seco al que llamábamos *gaga* y cuatro ladrillos.

También llevaba dos cuchillos que había fabricado yo mismo. Uno estaba hecho a partir de un pedazo grueso extraído de una plancha de metal. Después de grabar el contorno, había usado un clavo para hacer agujeros a lo largo de la plancha y, entonces, había sacado la hoja con ayuda de una tenaza. A continuación, la había afilado frotándola contra una piedra. Para hacer el mango, había envuelto uno de los extremos con bolsas de plástico *jumbo* y luego las había fundido en el fuego para endurecerlas. El otro cuchillo era realmente un punzón cortante hecho a partir de un clavo largo al que también le había agregado un mango. Andaba con los dos cuchillos metidos en la cintura del pantalón.

Nos adentramos en el bosque que comenzaba justo después del cementerio que quedaba cerca de la casa de Geoffrey; estaba lleno de grandes eucaliptos. A lo lejos se divisaban las montañas Dowa, al otro lado de las cuales estaba el lago Malawi, a unas sesenta y dos millas de allí. Sobre las verdes cimas había nubes oscuras que presagiaban lluvia.

—Apúrate, Khamba. No quiero que nos mojemos.

Encontré un buen lugar apartado del camino y me dispuse a poner la trampa. El tipo que yo usaba se llamaba *chikhwapu*. Lo primero que había que hacer era limpiar un trozo de terreno con el azadón hasta llegar a la tierra rojiza que había debajo de la hierba. A continuación, cortaba dos buenas ramas de eucalipto con el cuchillo y les sacaba punta. Entonces, las clavaba en la tierra y me aseguraba de que no se movieran. Luego, cortaba la cámara de bicicleta en dos tiras, amarraba cada una de ellas a los extremos del alambre y después ataba el otro extremo de estas a los postes, dándole a todo el aspecto de una resortera enorme.

La corteza del *kachere*, uno de los árboles autóctonos, es resistente y parecida al papel, y es buena para hacer cuerdas. Arranqué varias tiras de un tronco cercano y las entrelacé, fabricando una soga de unos quince pies de largo que anudé al alambre de la resortera. Lo siguiente fue estirar la parte elástica todo lo que pude y sujetarla entre dos radios de bicicleta que había clavado en el suelo. Ese era mi gatillo. Una vez hecho esto, apilé los cuatro ladrillos directamente detrás de la trampa y esparcí un poco de *gaga* en el suelo. Cuando algún pájaro se acercara a comer el cebo, yo soltaría el gatillo y la parte elástica de la resortera aplastaría al animal contra los ladrillos.

—Vamos a cazar —dije. Khamba levantó las orejas al oír mi orden y me siguió entre los árboles.

Nos escondimos detrás de un pequeño arbusto y esperamos a nuestra presa. Al cabo de unos treinta minutos, una pequeña bandada de cuatro pájaros pasó volando por ahí y reparó en el cebo. En cuanto dieron la vuelta y bajaron hasta la trampa, noté que se me aceleraba el pulso. Estaba a punto de soltar el gatillo cuando aterrizó un quinto pájaro. Era enorme. Tenía el pecho ancho y gris, y las alas amarillas.

"Vamos", pensé. "Un poquito más a la derecha. Eso es".

El último pájaro se unió a los demás y se puso a comer. Cuando los tuve a todos a tiro, halé la cuerda.

¡Buuum!

La bandada completa desapareció en medio de una nube de plumas y polvo.

—*Tonga!* —exclamé, tras lo cual salí corriendo junto a Khamba para recoger la captura. Cuatro de los pájaros yacían muertos junto a los ladrillos, mientras que un quinto había logrado salir volando. Los levanté del suelo, les sacudí el polvo, sintiendo sus cuerpos calientes e inmóviles en mis manos, y entonces, me los guardé en los bolsillos.

—Ahora viene la mejor parte —dije. Khamba agitaba la cola como un loco—. Vamos a comer.

De vuelta en casa, desplumé a los pájaros y los cubrí de sal. A continuación, le afilé la punta a una rama de eucalipto y los ensarté. Luego fui a la cocina, cogí algunas ramas e hice un pequeño fuego. Cuando las brasas estuvieron listas, sostuve la brocheta encima de ellas hasta que los pájaros estuvieron bien dorados. Enseguida, el apetitoso olor de la carne atrajo a mis hermanas, que me suplicaron que les dejara probar un poco. Sin embargo, mi padre decidió intervenir.

—Déjenlos en paz. Estos dos cazadores han trabajado duro hoy y se merecen disfrutar de su premio.

Los pájaros eran pequeños y huesudos, y lo cierto era que apenas daban para un par de bocados, pero, a pesar de todo, estaban deliciosos. A Khamba le dieron igual los huesos. Engulló su parte de un solo bocado y se puso a mover la cola pidiendo más. Me eché a reír.

—Cuando se trata de cazar, eres muy paciente —le dije—. Pero a la hora de comer, ¡es otra historia!

3
DESCUBRIENDO ALGO
LLAMADO CIENCIA

El año en que cumplí trece, me di cuenta de que había cosas en mí que estaban cambiando; no solo mi cuerpo, sino también mis intereses. Estaba creciendo. Dejé de cazar tanto y empecé a pasar más tiempo en el mercado con Geoffrey y Gilbert. Nos pasábamos horas jugando al *bawo* con otros muchachos. Se trataba de un popular juego de canicas sobre una larga tabla de madera flanqueada por agujeros, cuyo objetivo consistía en quedarse con la fila delantera de tu rival e impedirle moverse.

El *bawo* requiere seguir una estrategia y pensar con rapidez. A decir verdad, a mí se me daba bastante bien y solía derrotar a mis oponentes, cosa que me llenaba de felicidad, pues muchos de esos muchachos eran los mismos que se burlaban de mí cuando jugábamos fútbol.

Tal vez no tenía poderes mágicos, pero era un as jugando al *bawo*.

También por esa época, Geoffrey y yo empezamos a desarmar radios viejos para ver lo que tenían dentro. Después de mucho ensayo y error, pudimos atisbar cómo funcionaban.

Puesto que no disponíamos de electricidad ni televisión, el radio era la única manera que teníamos de estar al tanto de lo que pasaba fuera del pueblo, y lo mismo podía aplicarse a muchas otras partes de África. En la mayoría de lugares a donde uno fuera, en mitad de la selva o en una ciudad, podía verse a un montón de gente escuchando pequeños radios portátiles. En esa época, Malaui contaba con dos emisoras, Radio Uno y Radio Dos, ambas dependientes del gobierno. Además de dar noticias y transmisiones deportivas, también pasaban música *reggae* malauí, *rhythm and blues* norteamericano, góspel chichewa y la misa de los domingos.

Desde el momento en que, siendo un niño, oí sonido saliendo de un radio, quise saber cómo era posible, así que cuando Geoffrey y yo empezamos a abrir aparatos para investigarlos, fue como adentrarnos en otro mundo.

—¿Por qué hay cables de distintos colores? —pregunté—. ¿Dónde van conectados?

—Mmm... —dijo Geoffrey—. Y, ¿cómo es posible que podamos escuchar a Dolly Parton, que vive en Estados Unidos?

—Y, ¿cómo puede estar cantando Dolly Parton en Radio Uno, mientras Shadreck Wame predica en Radio Dos?

Teníamos un montón de preguntas, pero nadie parecía tener las respuestas, así que me propuse averiguarlas por mi cuenta.

Después de haber abierto todos los radios que cayeron en nuestras manos, Geoffrey y yo llegamos a algunas conclusiones. Por ejemplo, descubrimos que el ruido blanco que se oye entre las diferentes emisoras y la mayoría de las funciones del radio se originan en la placa de circuito, que es la pieza más grande que contiene un aparato de radio, y es donde van conectados los cablecitos y todas esas pequeñas piezas de plástico. Las que parecen lentejas se llaman transistores y controlan la corriente que va del radio a los altavoces. Eso lo aprendí sacando uno de ellos y comprobando que el volumen se veía reducido considerablemente.

Al poco tiempo, la gente empezó a traernos sus radios rotos para pedirnos que los reparáramos. Nuestro "taller" estaba en la habitación de Geoffrey, que estaba repleta de cables, placas de circuito, transformadores, carcasas rotas e infinidad de otras piezas que habíamos ido recolectando.

Igual que con los camiones de juguete, dependíamos en gran medida de materiales reciclados y de mucha improvisación, y lo mismo ocurría con las herramientas que usábamos para arreglar los radios.

Por ejemplo, no disponíamos de un soldador de verdad para unir las piezas metálicas a los circuitos, así que yo cogía un trozo de alambre, lo calentaba sobre el fuego de la cocina hasta que estaba al rojo y, rápidamente, lo usaba para fundir las juntas de metal.

Para averiguar qué era lo que estaba roto en un radio, sin embargo, necesitábamos una fuente de energía. Como no teníamos dinero para comprar pilas nuevas, Geoffrey y yo revolvíamos los cubos de basura del mercado en busca de pilas que la gente hubiera botado.

"¿Cómo podían usar pilas gastadas?", se preguntarán. Bueno, el truco está en dar con las adecuadas.

Las que se usaban para radios pequeños solían estar completamente gastadas, porque esos aparatos no requieren demasiada energía y usan las pilas hasta el final. Las de radiocaseteras o reproductores de discos compactos, no obstante, necesitan un voltaje mucho mayor y solían fallar antes de gastarse del todo, por lo que aún conservaban un poco de carga en su interior.

Para ver en qué estado se encontraban, poníamos un cable en cada uno de los polos, el positivo y el negativo, y los conectábamos a un pequeño bombillo. Cuanto más brillaba este, más carga tenía la pila. A continuación, aplastábamos un envase de Shake Shake, hacíamos un tubo con él y metíamos las pilas dentro, con los polos en la misma dirección. Entonces, conectábamos sendos cables a cada extremo del tubo y los llevábamos hasta los cabezales positivo y negativo del compartimento donde se metían las pilas del radio. Esos "desperdicios" solían bastar para encender un radio, al menos el tiempo suficiente para repararlo.

Geoffrey y yo nos pasábamos los fines de semana en nuestro taller, arreglando aparatos mientras escuchábamos música. Si teníamos la suerte de que nos trajeran un reproductor de casetes y las pilas aún tenían suficiente carga, Gilbert nos prestaba sus cintas de los Black Missionaries, nuestra banda local de *reggae* favorita.

—¡Eh, sube el volumen!

—*Yah!* Por supuesto.

Cuando venían clientes, a veces parecían sorprendidos.

—Escuché que aquí hay alguien que arregla radios —dijo una mujer, echando un vistazo a su alrededor.

—Sí —contesté, bajando la música—. Yo y mi amigo, el señor Geoffrey. ¿Qué le pasa?

—¿Ustedes? Pero si son unos niños.

—Puede confiar en nosotros, señora. Cuéntenos.

—Pues resulta que ya no recibo ninguna emisora, solo interferencias.

—Déjeme ver... Mmm... Sí, creo que podemos repararla. La tendrá antes de cenar.

—¡Que sea antes de las seis! Es sábado y no quiero perderme la novela.

—Descuide.

A menudo, la gente pasaba a saludarnos.

—¡Miren a los jóvenes científicos! —dijo un hombre—. Sigan así, muchachos, y un día tendrán un buen trabajo.

Por aquel entonces, aún no sabía mucho de ciencia o que uno podía vivir de ella, pero cada vez tenía más curiosidad acerca de cómo funcionaban las cosas. Por ejemplo, ¿por qué la gasolina hacía funcionar el motor de un carro? ¿Por qué era tan importante ese líquido maloliente?

"Se lo preguntaré a alguien que tenga un vehículo", me dije.

Así que fui a hablar con los camioneros que paraban en el mercado.

—¿Qué es lo que hace que se mueva el camión? —les pregunté—. ¿Cómo funciona el motor?

Sin embargo, nadie supo contestarme. Los camioneros se limitaban a sonreír y encogerse de hombros. A ver, ¿cómo podían manejar un camión y no saber cómo funcionaba?

Incluso mi padre, quien yo pensaba que lo sabía todo, no estaba seguro del todo.

—Pues la gasolina se quema y produce fuego, y... La verdad es que no estoy seguro.

Los lectores de discos compactos se estaban volviendo muy populares en la zona y lo cierto era que me fascinaban. Veía que la gente metía aquella rueda brillante en el aparato, apretaba un botón y, de repente, sonaba la música. "¿Cómo es posible?", me preguntaba.

—¿Cómo pueden poner las canciones en los discos?

—¿Qué más da? —contestaba la gente.

Mis vecinos del mercado parecían felices de poder disfrutar de sus carros y sus reproductores de discos compactos sin necesidad de explicaciones. Yo, por el contrario, ansiaba entender el funcionamiento de esas cosas y no dejaba de hacerme preguntas. Si el trabajo de un científico consistía en hallar las respuestas a esas y otras cuestiones, entonces yo quería convertirme en uno.

De todas las cosas por las que sentía curiosidad, las que más me intrigaban eran los dinamos.

Parecían pequeñas botellas de metal adheridas a las ruedas de las bicicletas. Desde pequeño los había visto por Wimbe, pero nunca supe para qué servían, hasta que aquel amigo de mi padre vino a vernos una noche y su bicicleta tenía una luz en medio del manillar. Tan pronto como bajó de la bicicleta, la luz se apagó.

—Oye, ¿por qué se apagó la luz? —pregunté, viendo que no había apretado ningún botón ni nada parecido.

—Por el dinamo —contestó—. Dejé de pedalear.

Esperé a que entrara en casa y me monté en su bicicleta para investigar. Efectivamente, la luz se encendió en cuanto empecé a pedalear por el patio. Volteé la bicicleta y me fijé en los cables que iban del faro hasta la rueda trasera, donde estaba sujeto el dinamo. En la parte de arriba, tenía una pequeña ruedita que hacía contacto con la llanta. De ese modo, cuando la rueda de la bicicleta giraba, también lo hacía la otra, y era entonces cuando se generaba la luz.

Estuve días sin poder sacarme eso de la cabeza. ¿Cómo era posible que ese pequeño aparato creara luz? La siguiente vez que aquel hombre vino a visitarnos, volví a inspeccionar su bicicleta. Esta vez, advertí que los cables se habían soltado del faro. Mientras la rueda estaba girando, rocé sin querer el extremo desnudo de uno de los cables contra el manillar metálico y vi que saltaba una chispa.

¡Ajá! Tenía mi primera pista.

Llamé entonces a mi hombre de confianza, el señor Geoffrey.

—*Bambo*, tráeme uno de nuestros radios —dije—; uno que funcione. ¡Tengo algo entre manos!

—Ahora mismo.

Igual que hacíamos con las pilas, conecté los dos cables del dinamo a los polos positivo y negativo del compartimento de las pilas del radio.

—Vamos, Geoffrey, empieza a pedalear.

La rueda empezó a girar, pero no sucedió nada, así que saqué los cables del radio y volví a conectarlos al faro. Geoffrey pedaleó de nuevo y la luz se encendió.

—Señor Geoffrey, mi experimento demuestra que tanto el dinamo como el bombillo funcionan correctamente. Entonces, ¿por qué el radio no se enciende?

—Mmm... —dijo él—. Prueba a conectar los cables a otra cosa.

Geoffrey señaló una pequeña entrada en el radio, marcada con las letras AC.

—Prueba aquí —propuso. Y, para mi sorpresa, cuando metí los cables ahí dentro, el radio se encendió.

—*Tonga!* —gritamos.

Mientras yo pedaleaba, Billy Kaunda cantaba una de sus alegres canciones en Radio Dos. Geoffrey se entusiasmó de tal manera que se puso a bailar.

—No dejes de pedalear —dijo—. Es una de mis canciones favoritas.

—¡Oye, que yo también quiero bailar!

Sin darnos cuenta, Geoffrey y yo acabábamos de descubrir algo llamado corriente alterna y corriente continua, aunque, por supuesto, no sabríamos de qué se trataba realmente hasta mucho tiempo después. No obstante, mientras yo iba pedaleando (tan rápido, por cierto, que acabó doliéndome el brazo), no dejaba de preguntarme: "¿Cómo podría hacer para que pudiéramos bailar los dos a la vez?".

La respuesta, obviamente, era la electricidad. El dinamo era solo un pequeño, aunque mágico, atisbo de ello, y enseguida acabé proponiéndome encontrar el modo de generar la corriente por mi cuenta.

Muchos de ustedes habrán estado pensando: "¿Pero no tiene todo el mundo electricidad?". Es cierto que la mayor parte de la gente en Europa y Norteamérica tiene la suerte de disponer de luz cuando lo desean, además de otras cosas, como hornos microondas y aire acondicionado. En África, sin embargo, no somos tan afortunados. De hecho, tan solo el ocho por ciento de los malauíes tienen electricidad en sus casas y la mayoría de esas personas viven en la ciudad.

No tener electricidad quería decir que, al caer la noche, ya no podíamos hacer nada, ni leer, ni reparar radios, ni hacer los deberes de la escuela, ni estudiar, ni ver la televisión. También quería decir que, al salir del baño, no podía ver las arañas ni las cucarachas que solían aparecer ahí cuando oscurecía, así que solamente me percataba de su presencia cuando las pisaba con los pies desnudos.

Cuando el sol se ponía, la gente solía dejar de hacer lo que estuviera haciendo, se cepillaba los dientes y se iba a la cama. No a las diez de la noche, o incluso a las nueve, ¡sino a las siete! ¿Quién se va a dormir a esa hora? Bueno, la mayor parte de África.

Las únicas luces que se veían entonces eran las de nuestras lámparas, que estaban hechas con latas de leche en polvo vacías que llenábamos con queroseno. La mecha solía ser un trozo de tela de alguna camiseta vieja, que cortábamos en tiras y empapábamos de combustible.

El queroseno se parece mucho a la gasolina y huele igual de mal. Lo peor era que producía un humo negro y espeso que nos irritaba los ojos y nos hacía toser. Y como la mayoría de los techos de las casas del pueblo estaban hechos de paja, las lámparas resultaban realmente peligrosas. De niño, no dejaba de oír historias de gente a la que se le había quemado la casa porque alguien había volcado una lámpara de queroseno.

En Malaui, la electricidad existe, pero es muy cara y resulta difícil hacerla llegar a la casa de uno. Para eso, hay que apretujarse en la parte trasera de una camioneta taxi durante horas hasta llegar a Lilongwe, la capital del país. Una vez allí, hay que tomar un autobús hasta las oficinas de la Electricity Supply Corporation of Malawi (ESCOM), la compañía eléctrica, y aguardar horas en una sala de espera abarrotada a que un agente con cara de pocos amigos te llame por tu nombre.

—¿Qué desea? —te preguntaría él.

—Quiero tener electricidad en mi casa —contestarías tú.

—Veamos qué se puede hacer.

Después de rellenar una solicitud y pagar un montón de dinero, te pedirían que les dibujaras un mapa de tu pueblo y tu casa.

—Aquí es donde vivo —dirías.

Si tu solicitud acababa siendo aprobada y los operarios conseguían encontrar tu domicilio, tendrías que volver a pagar otro montón de dinero para que te instalaran un poste y unos cables eléctricos. Una vez que, por fin, tuvieras electricidad, conectarías el radio y te pondrías a bailar muy contento... Es decir, hasta que la ESCOM cortara el suministro, cosa que solía hacer todas las semanas, normalmente de noche. Así que, después de todo aquel dinero y tiempo perdidos, seguirías yéndote a la cama a las siete.

¿Por qué motivo la ESCOM corta el suministro eléctrico? Uno de los motivos es la deforestación, que representa un serio problema tanto en Malaui como en otras partes del mundo. Gracias a las plantaciones de maíz y tabaco, la mayor parte de los frondosos bosques que cubrían el país en la época de mi abuelo han desaparecido y el resto se tala para usar la madera para hacer fuego.

Como la mayoría de los malauíes no tenemos electricidad, dependemos del fuego para todo, desde cocinar hasta calentar el agua para el baño. El problema es que, a estas alturas, hasta la madera escasea. La situación es tan grave que, a veces, mis hermanas tienen que caminar varias millas para conseguir solo la cantidad justa para preparar el desayuno. Si han hecho un fuego alguna vez, sabrán que, si no se va alimentando, no dura mucho.

Sin árboles ni bosques que cubran la tierra, una simple tormenta puede convertirse en una inundación repentina. Cada vez que llueve con fuerza, el agua corre por nuestras granjas y se lleva el suelo y los minerales que tan importantes son para que crezcan los sembrados. La tierra, junto con montones de bolsas de plástico y demás basura, va a dar al río Shire, donde la ESCOM genera toda la electricidad de Malaui a partir de turbinas. Estas acaban llenas de lodo y suciedad y tienen que apagarse para poder limpiarlas, lo cual provoca cortes de energía por todo el país. Además, cada vez que la ESCOM sufre esos cortes, la compañía pierde dinero, lo que significa que tiene que subir los precios para poder recuperarlo, haciendo que el coste de la electricidad sea cada vez mayor. Por lo tanto, con las cosechas arruinadas por las inundaciones y sin electricidad a causa de las turbinas obstruidas y los precios elevados, la gente sigue talando árboles para tener madera con la que hacer fuego. Así son las cosas.

Una de las líneas eléctricas de la ESCOM llegaba a la casa de Gilbert, probablemente porque su padre era el jefe del pueblo. La primera vez que fui allí, de niño, no podía creer lo que veían mis ojos. Gilbert entró en la sala de estar, tocó la pared y se hizo la luz. ¡Solamente tocando la pared! Ahora, evidentemente, sé que lo que hizo fue apretar un interruptor; pero, a partir de aquel día, comencé a preguntarme: "¿Cómo puede encender la luz con solo tocar la pared, mientras que yo tengo que palpar en la oscuridad en busca de un fósforo?".

Yo sabía que para traer la electricidad al pueblo iba a ser necesario algo más que un dinamo de bicicleta o la magia del mejor hechicero. De todos modos, mi familia no podía permitirse comprar ninguna de las dos cosas. Sin embargo, aún tenía algo de esperanza. Faltaba poco para los exámenes finales de la escuela primaria. Si lograba pasarlos y acceder a la escuela secundaria (lo que los niños en Estados Unidos llaman escuela media), mi intención era estudiar ciencias. Había varias escuelas que tenían programas especiales de ciencia donde los estudiantes podían trabajar en toda clase de experimentos. Si conseguía entrar en alguna de ellas, mi sueño de convertirme en científico tal vez se hiciera realidad.

Sin duda, la escuela a la que yo iba por aquel entonces, la Escuela Primaria de Wimbe, no parecía ser precisamente un lugar del que salieran científicos. Se llegaba a ella por el camino boscoso que pasaba por casa de Gilbert y estaba justo enfrente de la mezquita. Era una escuela que dependía del Estado y estaba en unas condiciones bastante precarias.

Las planchas metálicas del techo estaban llenas de agujeros y, cuando llovía, nos caía el agua encima. Las salas eran demasiado pequeñas para el elevado número de alumnos que ahí nos juntábamos y algunas clases se impartían bajo los árboles. Con todos los camiones que pasaban por allí, además de los insectos, los pájaros y los transeúntes, resultaba imposible concentrarse. Los profesores siempre se quedaban sin tizas y la mayoría de los alumnos jamás habían tenido un lápiz. Pídanle a cualquier niño malauí que deletree su nombre o que sume dos más dos y lo más probable será que escriban su respuesta en el suelo con el dedo.

Otro problema eran los baños, que consistían en unas pocas casetas hechas con cañas, con un agujero hondo dentro cubierto con troncos. Las termitas no tardaban mucho tiempo en anidar en el interior de esos troncos y vaciarlos por dentro. Una tarde, acabaron quebrándose con mi compañera Angela sentada encima. Pasaron varias horas antes de que alguien oyera su llanto y la ayudara a salir de aquel pozo inmundo. Quedó tan traumatizada que nunca más volvimos a verla.

Para poder graduarme y pasar a la escuela secundaria, tenía que hacer un examen, y no era fácil. El examen Estándar Ocho cubría todos los temas y se hacía a lo largo de tres días.

Estuve varios meses yéndome a dormir bien entrada la noche, después de pasarme horas estudiando junto a una lámpara humeante, repasando las lecciones de Chichewa, Inglés, Matemáticas, Sociales y Agricultura, asignatura esta última que teníamos por ser granjeros. El temario de chichewa, por lo general, era fácil, así que dedicaba la mayor parte del tiempo al inglés, que me parecía muy difícil. En cuanto a agricultura, nos enseñaban cosas como el modo de saber si uno de nuestros animales tenía una infección, y, de ser así, cómo curarlo; o cuál era el tratamiento adecuado para un pollo con sangre en sus deposiciones. La mayoría de los niños ya sabían esas cosas de trabajar con sus padres, pero, de todos modos, yo prefería asegurarme de que mis respuestas fueran perfectas.

Pasé el examen a mediados de septiembre. Durante tres días interminables, me mordí las uñas de tal manera que acabé dándoles forma de triángulos y circunferencias. Cuando terminé, era un manojo de nervios, pero confiaba en aprobar. Lo peor era que había que esperar tres meses a que te dieran la nota, así que me pasé todo ese tiempo preocupado.

A diferencia de Norteamérica, la escuela secundaria no es gratuita, por lo que la mayor parte de los niños malauíes ni se molestan en intentar llegar a ella. Mi hermana mayor, Annie, ya iba por la mitad de sus estudios secundarios y yo no veía la hora de tener mi oportunidad. Uno de los aspectos excitantes de la escuela secundaria era tener un nuevo uniforme. Por fin dejaría los pantalones cortos que nos ponían a los niños y luciría con orgullo unos largos.

Una vez que terminé el examen, esperé a que Gibert acabara.

—Se acabaron los pantalones cortos —dije en cuanto lo vi aparecer.

—Tienes razón. Y hasta que llegue el momento de volver a la escuela, tenemos las mañanas libres. ¿Qué vamos a hacer?

—Vamos a buscar a Khamba para irnos a cazar —propuse—. Hace demasiado desde la última vez.

—*Yah*. Vamos.

Estábamos yendo para la casa cuando Khamba nos encontró a medio camino, agitando la cola como si hubiera escuchado nuestra conversación. Los tres nos pasamos la tarde cazando hasta que el sol desapareció tras las colinas. Con nuestros sacos llenos, regresamos a casa bajo la luz anaranjada del atardecer, hicimos un buen fuego en el patio, cocinamos nuestros pájaros y comimos como hombres.

4
LA VIDA INCIERTA
DE UN GRANJERO AFRICANO

Para mí, terminar la escuela primaria y convertirme en científico era mucho mejor que trabajar en la granja, que, por aquel entonces, ocupaba gran parte de mi tiempo. Si bien me gustaba estar de vacaciones, lo cierto era que estaba muy ocupado ayudando a mi padre preparando la cosecha de maíz.

En Malaui, el maíz es tan importante como el agua que bebemos, puesto que lo comemos en cada comida, casi siempre en forma de *nsima*, una especie de puré que se hace mezclando harina de maíz con agua caliente. Cuando la mezcla se vuelve demasiado espesa para seguir revolviéndola, se le da forma de pastelitos, que se cocinan y se comen acompañados de espinacas, hojas de calabaza o cualquier otra hortaliza de temporada. Con un poco de suerte, si tu familia tiene un poco más de dinero, también puedes acompañarlas de huevos, pollo o carne de chivo. Mi plato favorito es *nsima* con pescado seco y tomates. ¡Ñam!

Como digo, es tan importante en nuestra dieta, que cuando no tenemos *nsima* en una comida nos sentimos como peces fuera del agua. Por ejemplo, pongamos que alguien en Estados Unidos invita a un malauí a cenar a su casa y le sirve un bistec con puré de papas, y, a continuación, un buen trozo de pastel de chocolate de postre. Pues si no hay *nsima*, cuando el malauí vuelva a casa, probablemente le dirá a su familia: "No había comida. Solo carne y puré. Espero que pueda dormir bien esta noche".

Conseguir una buena cosecha de maíz no es tarea fácil y lleva todo un año. No solo hay que cultivar y cosechar, sino también preparar el suelo, añadir fertilizante y eliminar las malas hierbas que crecen alrededor de las plantas, y ese es un trabajo para el que se necesita a toda la familia. Mis hermanas ayudaban a la hora de plantar y cosechar, pero la mayor parte del tiempo se la pasaban ayudando a nuestra madre en casa: yendo a buscar agua y leña, cocinando, limpiando y cuidando de mis hermanas pequeñas; por lo que la mayoría del trabajo en el campo recaía sobre mis hombros.

Comenzábamos en julio, cuando limpiábamos los restos de la cosecha de la temporada anterior. Recogíamos los tallos del maíz viejo, los apilábamos y, una vez que terminábamos, Geoffrey les prendía fuego. Lo mejor de aquello eran los saltamontes. Les gustaba esconderse en las pilas y, en cuanto notaban el humo, cientos de ellos salían volando; entonces los capturábamos y los metíamos en bolsas de azúcar.

—¿Cuántos tiene, señor Geoffrey? —preguntaba yo, resoplando en medio del humo.

—Un montón —contestaba él, mostrándome su bolsa—. Puede que cincuenta.

—*Yah*, igual que yo. ¿Nos los comemos?

—Pues claro.

La única razón por la que capturábamos saltamontes era para tostarlos al fuego, ponerles sal y comérnoslos, cosa que nos entusiasmaba. Puede que haya gente a la que eso le parezca asqueroso, aunque créanme, no hay nada más delicioso que crujientes saltamontes tostados con *nsima*. Por supuesto, se suponía que ni Geoffrey ni yo podíamos cazar y comer saltamontes mientras trabajábamos, pero en Malaui tenemos un dicho: "Cuando vas a ver el lago, también ves a los hipopótamos".

El trabajo más duro de todos, sin embargo, era hacer los camellones, que son esas largas hileras de tierra levantada que se ven en cualquier campo. En nuestra granja, no usábamos ni arados ni tractores, sino azadones, y hacerlos llevaba mucho tiempo. Empezaba por la mañana, antes de ir a la escuela, por lo que tenía que levantarme a las cuatro de la madrugada, cuando todavía estaba oscuro y hacía frío. Mi madre me tenía preparado un tazón caliente de *phala*, que es un tipo de papilla hecha con maíz. Después de desayunar, me alejaba tambaleándome por el camino y arrastrando el azadón.

—Cuidado con el azadón en la oscuridad —me advertía mi padre—. No quiero que te cortes el pie.

—No te preocupes.

El brillo de la luna proyectaba sombras espeluznantes sobre el camino, así que caminaba rápido y trataba de no pensar en los *Gule Wamkulu*, que podían estar mirándome desde los árboles, ni en las brujas que volaban por la noche en busca de niños a los que capturar. Una mañana, mientras caminaba, oí el aullido de una hiena proveniente de los arbustos y casi me desmayo del susto. Creo que nunca he corrido tan rápido como aquella vez.

Después de hacer los camellones, esperábamos a que llegara la estación de lluvias para plantar. Las lluvias solían empezar la primera semana de diciembre. Mis hermanas y yo íbamos de fila en fila. Uno hacía un hoyo con el azadón, mientras que el otro depositaba tres semillas en él y las cubría con tierra con la esperanza de que crecieran. Un par de semanas más tarde, cuando las plantas asomaban, les echábamos una cucharada de fertilizante para ayudarlas a crecer con fuerza.

Comprar semillas y fertilizante era muy caro, y como

siempre había que hacerlo en diciembre, eso significaba que no quedaba mucho dinero para Navidad. Nunca teníamos dinero para comprar regalos, especialmente al haber tantos niños, por lo que nos conformábamos con poder comer arroz con pollo todos juntos. Si sobraba algo de dinero, a lo mejor íbamos al mercado y comprábamos una botella de Coca-Cola, junto con algunos dulces.

Pasado diciembre, el dinero se había esfumado. Peor aún: para entonces, las reservas de maíz casi se habían agotado. Además, llovía día y noche, así que las familias se apretaban el cinturón y esperaban a que llegara el momento de cosechar, en el mes de mayo. A esas alturas, el maíz ya había crecido por encima de la cabeza de mi padre, y el campo lucía verde y frondoso.

La cosecha era como una fiesta gigantesca. La familia completa se ponía a trabajar de sol a sol, cantando, bromeando y soñando con las comilonas que nos esperaban.

Al cabo de una semana de duro trabajo, el maíz estaba metido en sacos gigantescos que se guardaban en el almacén y que nos proporcionarían otro año de comida deliciosa. Si la cosecha había sido buena, las pilas de sacos llegaban hasta el techo, cosa que, para una familia humilde como la nuestra, era como tener un millón de dólares en el banco.

Eso es lo que solía pasar.

Sin embargo, en el año 2000 todo salió terriblemente mal. El primer problema con el que nos encontramos fue el del fertilizante. Durante años, el gobierno malauí se había asegurado de que el precio del fertilizante y las semillas fuera lo bastante bajo para que cada familia pudiera permitirse una cosecha por año. Pero nuestro nuevo presidente, un hombre de negocios llamado Bakili Muluzi, no creía que el deber del gobierno fuera ayudar a los granjeros, por lo que aquel año, el precio del fertilizante aumentó de tal modo que la mayoría de las familias, incluida la nuestra, no pudo comprarlo.

Eso implicó que, cuando llegaron las lluvias y las semillas germinaron, no teníamos nada con lo que ayudarlas a crecer.

—Lo siento, muchachas —dije—, pero este año se la tienen que arreglar solas.

Para aquellos granjeros que pudieron costearse el fertilizante, tampoco importó al final porque, tan pronto como las semillas germinaron, el campo comenzó a inundarse. Llovió a cántaros durante días y días, y eso acabó con las casas y el ganado, además de que arrastró el fertilizante y las plantas incipientes. Nuestro distrito sobrevivió sin mayores daños, pero, en cuanto terminaron las lluvias, se fueron para no volver y Malaui cayó víctima de la sequía.

Sin la lluvia, el sol se levantaba con furia todas las

mañanas, sin piedad por las plantas que habían sobrevivido. Cuando llegó el mes de febrero, los tallos estaban tan debilitados que se habían inclinado hasta llegar al suelo. Para mayo, la mitad del cultivo se había echado a perder. Las plantas restantes apenas llegaban al pecho de mi padre y, si cogías una hoja, estaba tan reseca que se deshacía en la palma de tu mano. Una tarde, mi padre y yo fuimos al campo y contemplamos toda aquella destrucción.

—¿Qué será de nosotros el año que viene, papá? —pregunté.

Él suspiró.

—No lo sé, hijo. Al menos, no somos los únicos. Le ha pasado lo mismo a todo el mundo.

Aquella cosecha no hubo celebración alguna. No logramos llenar más que cinco sacos de maíz, que apenas ocupaban una esquina del almacén. Una noche, antes de acostarme, vi una lámpara de queroseno titilando en la puerta de la despensa y me encontré a mi padre de pie junto a ella. Estaba mirando los sacos, y no del modo que un hombre contempla sus riquezas. Parecía estar preguntándose algo. La respuesta no tardaría en llegar.

5
MALAUI SE MUERE
DE HAMBRE

Parte de la respuesta llegó en septiembre. Poco tiempo después de tomar los exámenes finales, Gilbert y yo fuimos al mercado a echar unas partidas de *bawo*. Cuando estábamos volviendo a su casa, vi algo extraño. Había una docena de personas reunidas en su patio, hablando en voz baja y con preocupación. La mayoría eran mujeres que tenían las cabezas cubiertas con pañuelos de colores como los que solía lucir mi madre, y todas llevaban una cesta vacía.

—¿Qué quieren estas personas? —pregunté.

—Vienen de aldeas lejanas. Se quedaron sin comida —respondió Gilbert—. Están aquí para ver si mi padre puede echarles una mano o conseguirles algún *ganyu*. Algunas llevan días caminando.

Ganyu quería decir "trabajo de un día", como limpiar campos o hacer camellones por poco dinero o por comida, y es el modo en que muchos campesinos se ganan la vida en Malaui cuando corren tiempos difíciles. Yo, sin embargo, jamás había visto tanta gente pidiendo trabajo a la vez.

—¿Qué va a hacer tu padre? —dije.

—Pues darles de comer —contestó Gilbert—. No le queda otra elección, es el jefe.

Gilbert estaba en lo cierto. La sequía había terminado con los cultivos, y las familias que vivían en las aldeas más pequeñas se habían quedado sin comida y tenían hambre.

Enseguida que llegué a casa, le conté a mi padre lo que había visto. Él también estaba al tanto, pero no parecía demasiado preocupado. Me explicó que el gobierno siempre tenía grandes reservas de maíz para emergencias y que, en épocas difíciles como esta, las vendían en los mercados a precio reducido para que todo el mundo pudiera comer.

—No te preocupes —me dijo—. Suceda lo que suceda, nuestra familia no pasará hambre.

Unos días más tarde, sin embargo, mi padre regresó del mercado, donde un grupo de granjeros habían ido con terribles noticias. Algunos políticos corruptos habían vendido las reservas de maíz y se habían fugado con el dinero.

—Dicen que no queda nada —le contó a mi madre—. Esto es un desastre.

—Ahora solo Dios puede ayudarnos —dijo ella, con cara de mucha preocupación.

Entonces, la escasez de alimentos empezó a asolar el país. Debido a la falta de maíz, el precio se duplicó y la gente comenzó a ir al bosque a cazar. Una noche, antes de cenar, fui a casa del señor Mwale para ver si podía darme algunos mangos. Cuando llegué, encontré a la familia sentada, a punto de comer.

—Justo a tiempo —dije.

No obstante, cuando me fijé bien, me percaté de que lo que había en sus platos eran hojas de calabaza y mangos verdes hervidos, que debían de saber muy mal.

—Aquí ya no queda comida —me dijo el señor Mwale, frunciendo el ceño y masticando.

Más tarde, vi a varios hombres haciendo camellones en los campos de Mwale. Venían de otros pueblos y se marchaban al final de la jornada con un puñado de aquellos mangos verdes.

Entonces, unos días después, paseando por el mercado, vi algo que no había visto jamás. Las mujeres habían extendido lonas de plástico en el suelo y estaban vendiendo *gaga*, que son las capas exteriores que cubren las mazorcas de maíz. Acaban en el suelo de los molinos, y luego se usan para alimentar a los pollos y a los cerdos. Yo solía usar *gaga* como cebo en mis trampas para pájaros, pero nunca había visto gente comiendo eso. Sin embargo, ahora se vendía en el mercado a trescientos kuachas el manojo, tres veces más caro de lo normal. Una multitud de mujeres, cargadas con cubos metálicos, se arremolinaba en torno a las vendedoras, empujándose unas a otras.

—¡Apártense, que yo estaba antes! —exclamaba una.

—¡Todas tenemos hambre, hermana, así que búsquese la vida!

Cuando volví por allí, al cabo de una hora, ya no quedaba *gaga*. Me sobrevino un escalofrío, como si alguien me hubiera despertado de golpe en mitad de la noche, y eché a correr hacia la casa.

Hasta ese momento, nunca me había preocupado demasiado por nuestra situación. Tener trece años y estar siempre hambriento era parte de la explicación. Después de cada comida, le pasaba el plato a mi madre y le pedía que me sirviera más. Claro, estaba al corriente de los problemas que tenía el país, pero, por alguna razón, siempre di por sentado que le sucedían a otros.

Ese día, sin embargo, tuve miedo.

Cuando llegué a casa y abrí la puerta del almacén, casi me desmayé. Solo quedaban dos sacos de grano, que era como decir nada.

Saqué cuentas. Dos sacos de maíz no durarían ni dos meses. En tres, estaríamos muriéndonos de hambre. Y lo que era peor: todavía faltaban doscientos diez días para la próxima cosecha, ¡casi siete meses! Además, todavía no habíamos plantado una sola semilla y, cuando lo hiciéramos, no había garantías de que fuera a llover ni de que tuviéramos fertilizante.

Unos días después, mi padre reunió a las chivas para venderlas en el mercado. En Malaui, tus animales son tu posesión más preciada, y el indicador de clase y riqueza de un granjero. Ahora íbamos a venderlos por unos pocos cubos de maíz. Los hombres que llevaban los puestos de *kanyenya*, que vendían carne frita, ahora gozaban de un poder enorme. El precio que ofrecían por chivos, cerdos y vacas cada día era más bajo y, a pesar de todo, la gente seguía haciendo cola para venderles sus animales.

Me di cuenta de que una de las chivas era Mankhalala, una de mis favoritas. A diferencia de las demás, a esta le gustaba jugar. Me dejaba agarrarla por los cuernos y luchar con ella en el patio. Ella y Khamba, además, se habían hecho amigos y se perseguían por la cocina, irritando a mi madre.

—Papá, ¿por qué vas a vender nuestras chivas? —pregunté.

—Hace una semana —respondió, volviéndose hacia mí—, pagaban quinientos por cada una; ahora pagan cuatrocientos. Lo lamento, William, pero si esperamos más, no sacaremos nada por ellas.

Las chivas tenían las patas atadas y lloraban. Khamba escuchó sus lamentos y acudió a investigar. Cuando vio que Mankhalala se alejaba con las demás, se puso a ladrar y a pegar saltos. Mankhalala se volteó, como pidiendo ayuda, conocedora de su destino. Pero por mucho que me doliera, no quedaba más remedio que venderla. ¿Qué otra cosa podíamos hacer? Mi familia tenía que comer.

A principios de noviembre, como de costumbre, empecé a levantarme cada día a las cuatro para hacer camellones. La primera mañana, cuando fui a desayunar, me encontré a mi padre en la oscuridad de la madrugada.

—Hoy no hay *phala* —anunció.

—¿Cómo?

—Hay que empezar a racionar la comida.

A esas alturas, nuestras reservas de maíz consistían en un saco y medio, y el desayuno fue la primera comida sacrificada. No obstante, en lugar de quejarme, me bebí un buen vaso de agua, cogí mi azadón y fui a encontrarme con Geoffrey en el campo.

Le expliqué lo del desayuno.

—¿Puedes creértelo? —dije.

Mi primo, no obstante, encogió los hombros.

—¿Hoy fue que empezaron? —preguntó—. Yo ya hace dos semanas que no desayuno. Ya me estoy acostumbrando.

A esas horas, todavía estaba fresco y tenía energías para cavar. A las siete, sin embargo, mi estómago ya se había dado cuenta de que estaba vacío, por lo que se ponía a gruñir pidiendo que lo llenara. Enseguida, el sol brillaba en el cielo y me despojaba de cualquier atisbo de energía. Lo único que me mantenía en pie eran las órdenes de mi padre.

—¡Esos camellones tienen que salir mejor!

—Es que tengo hambre, papá.

—Piensa en la cosecha del año que viene y hazlo lo mejor que puedas, hijo.

Tenía razón; mis camellones estaban torcidos, como hechos por una serpiente. Geoffrey, un poco más allá, seguía trabajando duro.

—Señor Geoffrey —lo llamé—. Si terminas hoy mis camellones, mañana te hago los tuyos. ¿Trato hecho?

—Voy a pensarlo —respondió, jadeando—, pero es el mismo trato que me propusiste ayer...

Yo trataba de levantarle el ánimo. Desde que había muerto su padre, no era el mismo. Parecía triste, y a veces se quedaba en su habitación todo el día y no hablaba con nadie. También tenía problemas de salud. No hacía mucho, había ido al médico y este le había dicho que estaba anémico, producto de no llevar una dieta equilibrada. No tardé en descubrir que el desayuno no era la única comida que Geoffrey se saltaba. La comida escaseaba en todas partes.

—Estoy bromeando —aclaré—. Pero ahora en serio, no tienes buen aspecto. ¿Por qué no te tomas un descanso?

—No puedo —respondió, sin dejar de cavar—. Ya lo sabes.

La verdad era que Geoffrey no iba a volver a la escuela. Debido a la sequía y a la muerte de su padre, su madre no tenía dinero para pagar las cuotas escolares y, de todos modos, necesitaba que Geoffrey y su hermano Jeremiah trabajaran y llevaran algo de comida a casa. Ese día, fingí no estar al tanto.

—Ya falta poco para que tu primo comience la escuela secundaria —dije, refiriéndome a mí— y empiece a llevar pantalones largos.

—Y tu primo también —señaló él.

—¡Ya lo veremos!

—Puedes estar seguro.

Geoffrey no era el único que estaba cambiando. Khamba tampoco era el mismo. Yo era consciente de que sus mejores años habían quedado atrás, cuando todavía vivía en la plantación, pero ahora resultaba obvio que la edad había empezado a pasarle factura. Además, desde el comienzo de la sequía, había adelgazado mucho. Supongo que la comida que yo le daba por la noche no era suficiente. Debido a eso, ya no podía mantener a raya a los ratones del campo, y los demás perros lo superaban a la hora de buscar comida en la basura. Khamba ya no perseguía gallinas por el patio, sino que se tumbaba a la sombra y descansaba. Ya se le marcaban las costillas en los costados.

Una noche, cuando le lancé una bola de *nsima* para comer, no pudo atraparla al vuelo y le dio en la cabeza.

—¿Qué te pasa, abuelo? —bromeé. Khamba ladeó la cabeza, cogió la bola y se la tragó de un bocado. Algunas cosas nunca cambiaban.

Diciembre llegó acompañado de cielos cargados de nubes y fuertes lluvias. Granjeros de toda la región hicieron cuanto pudieron para plantar las semillas para la próxima cosecha; sin embargo, muchos habían abandonado sus campos para ir en busca de comida, y no pasó mucho tiempo antes de que la tierra se llenara de malas hierbas.

Mi padre logró plantar una pequeña cantidad de maíz, pero no disponía de fertilizante. Asimismo, también consiguió bastantes semillas como para plantar medio acre de tabaco, que acabó siendo nuestro salvavidas en los meses siguientes.

Lo que empezó como una sequía, con la consiguiente escasez de maíz, acabó convirtiéndose en una verdadera hambruna, que ese invierno empeoró hasta el punto de que apenas quedaba gente en pie.

Aquellos que buscaban comida, empezaron a congregarse en el mercado y a los lados de los caminos. Grupos de hombres iban de casa en casa con sus azadones, pidiendo trabajo, con la ropa empapada por la lluvia y cubierta de barro. La respuesta que recibían era siempre la misma: "No tenemos nada".

Mientras ellos buscaban *ganyu*, las mujeres se amontonaban junto a la casa del jefe, donde Gilbert les daba sacos de harina. Las colas eran interminables. Los niños lloraban a causa de sus estómagos vacíos e hinchados y algunas mujeres se desmayaban en cuanto llegaban. Una vez que la madre de Gilbert les daba de comer lo que podía, ellas seguían andando en busca del siguiente bocado.

La hambruna llamó a la puerta de mi casa antes de lo que yo había imaginado. Durante la segunda semana de diciembre, mi madre molió el último cubo de maíz, que equivalía exactamente a doce comidas más. En cuanto salió del almacén, me asomé al interior. Lo único que quedaba dentro eran sacos vacíos apilados en un rincón, como ropa sucia esperando a ser lavada. Traté de recordar el aspecto que tenía cuando estaba lleno, pero la verdad era que no tenía energías suficientes para ello.

Esa noche, mi padre convocó a la familia en la sala de estar.

—Dada nuestra situación —dijo—, he decidido que es mejor que nos limitemos a una comida por día. No queda otro remedio.

Mis hermanas y yo empezamos a deliberar sobre qué comida debía ser la escogida.

—Yo voto por el desayuno —dijo Aisha, de doce años.

—¡Yo prefiero el almuerzo! —exclamó Doris.

—No. Será la cena —sentenció mi padre—. De día resulta más fácil no pensar en el hambre, pero nadie debe meterse en la cama con el estómago vacío, así que comeremos de noche.

Mi estómago estaba acostumbrado a que le dieran de comer cada vez que hacía ruido. No desayunar era una cosa, pero no desayunar y no almorzar al mediodía era un auténtico ejercicio de paciencia y dolor. Resultaba todavía más complicado para mis hermanas, que no comprendían por qué nadie las alimentaba.

—¿Es que no me oyes, mamá? —gritaban—. ¡Tengo hambre!

—Ya lo sé, querida —contestaba mi madre—. Pero tienes que tratar de aguantar.

La cena se sirvió tarde la primera noche. Mi padre encendió la lámpara de queroseno en la sala de estar y todos nos sentamos en torno a ella, contemplando el humo negro que subía en espiral hasta el techo. Lo primero que hicimos, como siempre, fue lavarnos las manos. Mi hermana Doris fue echándonos agua caliente sobre las manos, de uno en uno, mientras nosotros las frotábamos con jabón y nos las enjuagábamos en el lavamanos. Cuando terminamos de lavárnoslas, por fin, mi madre trajo dos tazones y los destapó.

—Procuren que les dure —dijo, sentándose en el suelo con nosotros.

El primer tazón contenía *nsima*, pero en lugar de la habitual montaña de pastelitos, no había más que un único pedazo de masa grisácea. El segundo tazón tenía una minúscula porción de hojas de mostaza. Nos fuimos pasando los tazones y ni siquiera nos molestamos en usar platos. La cena se acabó en cuestión de minutos.

Teniendo en cuenta la poquísima harina que nos quedaba, me di cuenta de que solamente un milagro podría salvarnos, a no ser que antes se nos ocurriera alguna idea genial. A la mañana siguiente, mi padre nos comunicó su brillante plan.

—Vamos a vender toda la comida que nos queda —dijo.

Para mí, aquello no solo no tenía sentido, sino que era la peor idea que había oído jamás. No obstante, mi padre procedió a explicarnos que usaríamos la harina para hacer pasteles y venderlos en el mercado. Con el dinero que consiguiéramos, compraríamos más comida. Era una apuesta realmente arriesgada.

Así, mi madre mezcló la harina que nos quedaba con soya en polvo y azúcar, y preparó *zigumu*, un tipo de bizcochos pequeños. El delicioso olor que desprendían mientras se cocinaban encima del fuego salió de la casa y llegó hasta el camino, haciendo que los hombres que pasaban por ahí en busca de trabajo se detuvieran en seco. Incluso los pájaros se sintieron atraídos; se arremolinaron afuera de la cocina y se pusieron a cantar una melodía lastimosa. Aquel aroma pareció apoderarse de mí como un espíritu ajeno, colándose en mi estómago vacío e imbuyéndome de fuerzas renovadas.

Normalmente, cuando mi madre preparaba *zigumu*, me dejaba raspar la olla donde hacía la masa con los dedos. En Malaui, eso era una costumbre tan querida que los niños hasta le habían dado un nombre, VP, por *vapasi pot*,* o sea, el fondo de la olla.

—¿VP, mamá? —preguntábamos los críos, con la mirada resplandeciente.

Esa vez, sin embargo, fue diferente, porque mi madre utilizó hasta la última gota de la mezcla y la olla quedó tan limpia como si la hubiera acabado de lavar. Conque nada de VP.

Esa noche, mi padre construyó una caseta a partir de una mesa rota y de una plancha de metal. A la mañana siguiente, mi madre abrió su puesto y se puso a vender los pastelitos a tres kuachas cada uno. Eran muy consistentes y llenaban el estómago durante más tiempo que otros bizcochos baratos que vendían en el mercado. Para alguien que no podía permitirse comprar harina, aque-

* *Pot*, olla en inglés.

llos pastelitos eran su única opción. Aquel día, mamá los vendió todos en menos de veinte minutos.

Aquella época de penurias hizo que todo el mundo aprendiera la lección de la oferta y la demanda. Una de las reglas de la economía dice que cuando la oferta de algo es grande (como, por ejemplo, cuando hay una buena cosecha), la demanda será baja y los precios también. Sin embargo, cuando ocurre lo contrario y la oferta es baja, como ocurría durante la hambruna, la demanda es abrumadora y los precios se ponen por las nubes.

Desde que el país se había quedado sin maíz, los hombres de negocios habían empezado a viajar a países vecinos, como Tanzania, a comprar camiones enteros de grano. Cuando el maíz llegaba al mercado de Wimbe, el precio era mucho más elevado de lo normal, en parte por el costo de la gasolina y porque, a veces, los camiones se averiaban; pero también porque los comerciantes sabían que la gente estaba hambrienta y que pagaría lo que le pidieran con tal de sobrevivir.

Afortunadamente, uno de esos hombres, el señor Mangochi, era amigo de mi padre y nos dio un buen precio. Por el dinero que mi madre ganó vendiendo pastelitos, Mangochi le dio un cubo lleno de grano, que ella molió, guardando la mitad de la harina para preparar más *zigumu*. La otra mitad serviría para tener algo de *nsima* que llevarnos a la boca por las noches, junto con algunas hojas de calabaza o mostaza a modo de acompañamiento. Seguiríamos pasando hambre, pero la certeza de una comida diaria hacía que resultara más soportable.

—Mientras podamos seguir haciendo esto, conseguiremos salir adelante —dijo mi padre—. El beneficio es ni más ni menos que seguir vivos.

Un par de semanas más tarde, mi madre regresaba del mercado cuando un camión enorme pasó por la carretera. La carga estaba tapada con lonas y la gente comentó que se trataba de maíz.

—Lo llevan al almacén que el gobierno tiene en Chamama —le contó alguien.

Cuando estuvo de vuelta en casa, me llamó y me dio la noticia.

—Mañana por la mañana, bien temprano, irás a Chamama —me dijo.

Chamama estaba a unas doce millas, así que expresé mi inconformidad.

—¿Estás segura de que no se trata de fertilizante? Porque he oído que...

—Ya me has oído —soltó mi madre, a la que no le gustaba que sus hijos le replicaran, y menos en una situación como aquella—. Mañana irás allí.

Si ella estaba en lo cierto, se trataba de muy buenas noticias. Quería decir que el gobierno había conseguido algún excedente de maíz, tal vez procedente de Tanzania, y que lo vendería más barato. Teniendo en cuenta los altos precios en que se estaba vendiendo en el mercado, era el único modo de salir de esa.

A la mañana siguiente, me levanté a las cinco, me monté en mi bicicleta y partí hacia Chamama con un saco de harina vacío colgando del manillar. A medida que fui avanzando por aquellas estrechas y polvorientas carreteras, me di cuenta de que otros muchos habían tenido la misma idea.

—¿Van a Chamama? —pregunté.

—*Ehhhh* —contestaron, asintiendo.

La tienda del gobierno estaba situada en el mercado central. En cuanto alcancé mi destino, vi que las colas a las puertas de la tienda llegaban hasta la carretera, una distancia que equivalía a más de dos campos de fútbol. Había una cola para hombres y otra para mujeres y niños, y ambas no hacían más que crecer, así que parqueé mi bici contra una cerca y me puse en la de los hombres.

Una agradable brisa procedente del lago mantenía a la gente más o menos animada, pero una vez que el sol abrasador se levantó, el hambre se hizo patente en todo el que allí se encontraba. De golpe, todo el mundo parecía exhausto, como si no hubiera dormido en días. Tenían la piel del rostro arrugada y los ojos entrecerrados debido al fuerte brillo del sol. Probablemente, hacía semanas desde la última vez que muchos habían comido como es debido y la tienda del gobierno era su última oportunidad de sobrevivir. Cuanto más pegaba el sol, más débiles se sentían todos.

El hombre que estaba delante de mí apenas podía mantenerse erguido. Las manos le temblaban como si tuviera frío y le costaba respirar. Cuando la cola empezó a moverse, el hombre no pudo mantener el equilibrio y cayó al suelo. Para mi espanto, nadie lo ayudó; sencillamente, la gente fue pasando por encima de él. En la otra cola, había bebés llorando a causa del hambre y niños agarrados a los vestidos de sus madres. Si hay algo que recuerdo particularmente de aquel día en Chamama es el llanto de los bebés.

Tras esperar durante varias horas, las personas primero empezaron a ponerse nerviosas y, luego de un rato, ya estaban completamente furiosas. Furiosas con el sol, con la gente, con el mal olor. Furiosas con el gobierno, con el polvo y con el aire que ocupaba sus estómagos. Mientras avanzábamos, pulgada a pulgada, la impaciencia se apoderó de todos. La gente comenzó a apretujarse hacia delante. Alguien me empujó por la espalda con tanta fuerza que tuve que agarrarme del hombre que estaba delante de mí para no caerme. Entonces, unos muchachos que estaban al final de la cola salieron corriendo hacia delante, escurriéndose entre la gente como ratones debajo de una puerta.

—¡Oigan, no se cuelen! —exclamaron los demás—. Llevamos aquí desde el amanecer.

No sirvió de nada. Todo el mundo sabía que, tarde o temprano, el maíz se acabaría y nadie quería ser el pobre desgraciado que se quedara con el saco vacío. Mientras más gente se colaba, más nerviosos se ponían los demás.

De repente, las dos colas se abalanzaron sobre las puertas a la vez. La oleada de cuerpos me levantó del suelo y me llevó hacia delante. Noté que me quedaba sin aire y que ya no veía el cielo. Estaba siendo engullido por aquella ingente y terrorífica marea humana, y no había nada que pudiera hacer.

—¡Basta! —grité—. ¡No puedo respirar!

Fue en vano.

Sucedió entonces algo extraño. Todo se oscureció. Los gritos y los lamentos de los niños se esfumaron, y fue como si todo se apagara en cámara lenta. Pensé que, tal vez, acababa de morir y una parte de mí incluso se sintió aliviada. Pero no, entre la gente, divisé el depósito del gobierno, más cerca de lo que nunca había estado. La multitud me había llevado hacia delante como si de un ciclón se tratara. Logré poner los pies en el suelo y escurrirme entre los cuerpos: de algo servía estar flaco. Un minuto más tarde, alcancé la entrada del edificio y conseguí pasar entre las puertas.

Una vez dentro, la oficina estaba tranquila y en silencio, y delante de mí había una montaña de maíz que me llegaba a la cintura. Ahí había más comida junta de la que yo había visto en meses.

Había entrado justo a tiempo, porque afuera había estallado una pelea monumental. Vi que, al otro lado de las puertas, una mujer caía al suelo y quedaba oculta tras la nube de polvo. Otras dos mujeres que cargaban con sus bebés a la espalda tuvieron que escapar apresuradamente para evitar ser aplastadas, perdiendo así su lugar en la cola. Se sacudieron la ropa y se marcharon con las manos vacías, y yo me pregunté si podrían sobrevivir un mes más.

—¡Vamos! —exclamó alguien—. ¡El siguiente!

Se estaba dirigiendo a mí.

—¡He dicho que el siguiente!

Me acerqué a él rápidamente y pedí lo que quería. Tenía cuatrocientos kuachas en el bolsillo, suficiente para cincuenta y cinco libras, teniendo en cuenta los precios que figuraban afuera. Sin embargo, el dependiente me informó que había habido cambios.

Solamente podía comprar cuarenta y cuatro libras, pero al mismo precio.

—Entonces, ¿cuánto quieres? —preguntó, sin siquiera levantar la vista del mostrador.

—Veinte.

Me entregó un *ticket* y señaló hacia donde se encontraban los demás empleados, que recogían maíz con cubos metálicos. Aquellos hombres tenían un aspecto musculoso y saludable, nada que ver con la gente que aguardaba afuera. El tipo que pesó mi maíz, entonces, me estafó. Puso el cubo en la báscula tan rápido que no alcancé a ver el peso y, antes de que pudiera decir nada, ya había echado el maíz en mi saco.

—¡Siguiente! —gritó.

—Un momento —dije—. Ni siquiera...

El hombre se volvió hacia mí.

—Si no estás conforme, puedes dejarlo y marcharte. Hay mucha gente detrás de ti. ¡Siguiente!

Como no tenía otra elección, le di el dinero, cogí el saco y me dirigí a la puerta. A pesar de que me habían engañado, estaba encantado de haber conseguido tanta comida, si bien eso se tornó en miedo tan pronto me vi otra vez en medio de la muchedumbre.

Alguien vino corriendo hacia mí.

—¡Te doy quinientos por eso! —me ofreció.

—¡Yo te doy seiscientos, niño! —dijo otro, apartándolo de un empujón.

Fingí no haber oído nada. Sujeté el saco a mi bicicleta lo más rápido que pude y me alejé a toda velocidad. En cuanto estuve de vuelta en la carretera, no dejé de pedalear hasta tener mi casa a la vista.

Al entrar en el patio de mi casa, mi madre y mis hermanas me recibieron como a un héroe. Yo estaba agotado, y tenía la ropa mugrienta y hecha jirones. Cuando volqué el maíz en la báscula de mi padre, confirmé que me habían embaucado.

—Treinta y tres libras —dije—. Medio saco.

Mi madre me dijo que no me preocupara.

—Lo has hecho muy bien. Gracias a ti, podremos comer durante una semana más.

En los días posteriores a lo de Chamama, la gente empezó a vender sus pertenencias. Una mañana que llovía con fuerza, estaba sentado en el porche cuando vi pasar a varias personas que avanzaban como hormigas, en fila y lentamente. Mujeres que cargaban con grandes recipientes sobre sus cabezas, repletos de utensilios de cocina: tazas, cucharas, cuchillos... Cosas de uso diario de una vida normal que había dejado de serlo. Hombres con sillas y sillones a la espalda; uno, incluso, arrastraba una pesada mesa de comedor por el barro. Se dirigían todos al mercado a ver cuánto dinero o maíz podían conseguir. ¿De qué podía servir una mesa, por ejemplo, si no había comida que poner encima?

Khamba yacía tumbado a mis pies. Cada algunos segundos, movía la cola lentamente para espantar las moscas que se posaban sobre su espalda. Cada vez estaba más débil y flaco, y yo sabía que era por mi culpa.

El plato de comida diario incluía a toda la familia, pero no al perro. Khamba solo comía si yo compartía mi ración con él y la mayoría de los días yo estaba tan hambriento que me la comía toda sin pensar. Sus quejidos a causa del hambre empezaron a despertarme por la noche y ya no podía volver a dormirme a causa de los remordimientos. Así que, aquella mañana, en cuanto dejó de llover, lo dejé en el porche y me dirigí con los demás al mercado. Khamba ni siquiera hizo ademán de seguirme.

La hambruna había cambiado por completo al pueblo. La mayor parte de las tiendas, como la del señor Banda, habían cerrado y las mujeres del mercado habían abandonado sus puestos. Los comerciantes se habían unido a la multitud de gente hambrienta, abocándose a la búsqueda de comida y vendiendo sus posesiones.

—*Ndiri ndi malonda* —anunciaba un hombre—. Tengo algo para vender. ¿Qué les parece este radio? Lo tengo casi regalado.

Otro hombre había puesto a la venta las planchas de metal del techo de su casa por una taza de harina. Por un techo de paja podías comprar media taza.

—¿Para qué quiero el techo si ya estoy muerto? —decía.

Unos pocos hombres de negocios, como el señor Mangochi, les compraron los muebles a sus vecinos y más tarde se los devolvieron. Pero lo cierto era que la mayoría de la gente no tenía dinero para comprar nada, así que se limitaba a negar con la cabeza y seguía su camino.

Dentro del molino de maíz, un grupo de niños desesperados se reunían alrededor de la máquina. Cada vez que alguna mujer llegaba para moler un cubo de grano, lo cual, a esas alturas, era muy poco frecuente, los niños contemplaban la nube de harina que se formaba encima del cubo con anhelo. Tan pronto como la mujer sacaba el recipiente de debajo del tubo por donde salía la molienda, se lanzaban al suelo y lo dejaban limpio. Para mediados de diciembre, apenas quedaba nada por moler y el edificio del molino se quedó en silencio.

Entonces llegó la Navidad, que solía ser mi época favorita del año.

En otros tiempos, en Nochebuena nos poníamos nuestra mejor ropa e íbamos a la iglesia a ver la representación del nacimiento. A continuación, mis hermanas y yo atrapábamos enjambres de hormigas voladoras que aparecían a principio de la estación lluviosa, tostábamos los insectos en un gran sartén, los salábamos y nos los comíamos con *nsima*. Mientras que los saltamontes tenían cierto sabor a frutos secos, las hormigas tostadas sabían más a cebolla seca, solo que eran todavía más deliciosas. Acompañadas de frijoles y de hojas de calabaza, eran un plato celestial.

El desayuno del día de Navidad solía consistir en pan recién hecho untado con margarina marca Blue Band y una taza de té Chombe con leche y azúcar, ¡la combinación más deliciosa que uno podía llevarse a la boca!

Como a todo el mundo, a los malauíes les encanta comer carne en Navidad, así que, a primera hora de la tarde, mi padre solía matar el pollo más grande que tuviéramos y mi madre lo cocinaba. Sin embargo, en Navidad, el pollo no se sirve con *nsima*, sino con arroz, como he mencionado anteriormente. Pregúntenle a cualquier malauí sobre la cena de Navidad y siempre mencionará el arroz.

No obstante, en la Navidad del año 2001, no teníamos nada de eso. Los pollos habían muerto hacía ya semanas, debido a que estaban enfermos y no habíamos podido darles medicinas. Lo único que quedaba era una gallina solitaria, que se había convertido en un triste símbolo de todo lo que habíamos perdido y nadie se atrevía a tocarla.

Todas las iglesias cancelaron las ceremonias de Nochebuena debido a la hambruna y, esa noche, mis hermanas y yo estábamos tan débiles que ni siquiera nos molestamos en atrapar hormigas voladoras.

A eso del mediodía, mi madre consiguió servirnos un almuerzo navideño, pero no fue otra cosa que la habitual masa de *nsima*. Probablemente, había trabajado muy duro para poder proporcionarnos esa comida extra, pero era imposible comérsela con alegría.

Luego fui a visitar a Geoffrey, lo que hizo que me sintiera todavía peor. Me lo encontré sentado en su cama, demacrado y cansado. Desde que su madre se había quedado sin comida hacía un mes, él había salido a buscar *ganyu* por los caminos, como tantos otros. Había encontrado trabajo haciendo camellones y sacando malas hierbas, pero eso no bastaba para alimentar a toda su familia. A menudo pasaban días enteros sin alimentarse y, lo que era peor, habían descuidado la plantación de maíz.

—*Eh*, hombre —dije—. Hace días que no te veo. Tienes el campo lleno de malas hierbas. Lo están invadiendo todo.

—Es que he estado ocupado con el *ganyu* —contestó—. Al principio era para conseguir comida para pasar el mes, luego la semana, y ahora el día.

Tampoco había visto a Gilbert desde hacía varios días, así que me dirigí a su casa y, al llegar, me encontré con que alrededor de cincuenta personas habían acampado en su patio, que estaba cubierto de una lúgubre humareda, provocada por las hogueras que había encendido esa gente. Gilbert estaba de pie junto a la puerta de entrada.

—Feliz Navidad, ¿eh? —dije con sarcasmo.

—Está claro que aquí no —respondió.

—Seguro que el jefe Wimbe ha preparado un arroz con pollo delicioso.

Gilbert negó con la cabeza, decepcionado.

—Se lo hemos dado casi todo a esta gente —dijo—. Hoy solo hay frijoles y *nsima*.

De repente, me di cuenta de que algo olía muy mal. Tanto, que fruncí los labios asqueado.

—¿Qué es ese olor? —pregunté.

—Ah, eso... —respondió él, señalando a la gente—. Ya ni siquiera se molestan en usar la letrina, y defecan en la hierba. Ten cuidado por dónde pisas.

—*Yah*, de acuerdo.

Como Geoffrey estaba ocupado con su *ganyu* y Gilbert con la gente que tenía en su casa, decidí ir a ver a mi primo Charity, que era unos pocos años mayor que yo. Sus padres vivían en otro pueblo, mientras que él trabajaba en los campos de las afueras de Wimbe y vivía solo en una especie de casa comunitaria donde un grupo de adolescentes, todos varones, se reunían para hablar de fútbol, muchachas o lo que fuera. Nunca lo supe realmente, porque la mayoría de las veces acababan botándome de ahí. "William, creo que tu madre te llama", decía alguno de ellos tarde o temprano, y yo sabía que era hora de irme.

Esta vez, sin embargo, Charity parecía contento de verme; nadie quiere pasar la Navidad solo. Me invitó a entrar y vi que había un pequeño fuego chamuscando una cacerola.

—Es Navidad y estoy muerto de hambre —dijo—. No he comido nada.

—*Yah* —coincidí—. Yo también estoy hambriento.

Así que nos pusimos a pensar en cómo podíamos

conseguir algo de comer. Ya no quedaban mangos en ninguna parte y los comerciantes del mercado no iban a darnos harina bajo ningún concepto.

—¿Qué hay de James? —sugerí.

Nuestro amigo James llevaba una especie de puesto de *kanyenya*, pero en lugar de vender carne de chivo frita, hervía los sesos y las pezuñas, una mezcla a la que llamaban "queso de cabeza". Créanme, es más sabrosa de lo que parece. De hecho, se me hizo la boca agua de solo pensarlo.

—Puede que James sea generoso por ser Navidad y que nos deje comer un poco —dije, sintiéndome confiado.

—Que te crees tú eso —replicó Charity, sacándome la idea de la cabeza.

Entonces, se le encendió la mirada.

—Pero siempre bota los pellejos en la basura —comentó.

—¿Eso se come? —pregunté, haciendo una mueca.

—¿Por qué no? ¿Qué más da? Sigue siendo carne, ¿no?

—*Yah*, supongo que tienes razón.

El hambre ya nos hacía pensar cualquier cosa.

De camino a ver James, pasamos por los demás puestos de *kanyenya*. En uno de ellos, un grupo de hombres de negocios estaba de pie, comiendo carne y papas fritas. Reían y bromeaban mientras devoraban aquella comida grasienta, sin siquiera tragar lo que tenían en la boca antes de meterse otro bocado dentro. Ni siquiera parecían haberse percatado de la multitud que se encontraba alrededor de ellos, observándolos comer. Para esos tipos era como si el hambre fuese invisible.

El puesto de James quedaba un poco más adelante. Ahí estaba, como de costumbre, inclinado sobre la olla de agua hirviendo. En cuanto nos acercamos, vi una cabeza de chivo flotando dentro, junto con algunas patas. Mi estómago rugió y tuve que apartar la vista.

—Eh, James —lo saludó Charity—. William y yo estamos fabricando un tambor navideño para los niños del pueblo y nos preguntábamos si tendrías algunos pellejos de chivo para darnos.

—Qué buena idea —opinó James, que se volvió hacia un montón de pellejos llenos de moscas que había en el suelo—. Agarren uno de esos; de todos modos, iba a botarlos.

Charity tomó uno, lo metió dentro de una bolsa *jumbo* y me la pasó. Todavía estaba caliente.

—*Zikomo kwa mbiri* —dijo—. Muchas gracias. Los niños te lo agradecerán.

—No hay de qué.

Nos dirigimos a casa de Charity a toda prisa.

—¿Cómo vamos a cocinar esto? —pregunté, mirando dentro de la bolsa.

—Fácil —respondió él—; igual que si fuera un cerdo.

Cuando regresamos a su casa, agregué un par de ra-

108

mitas a las brasas y avivé el fuego. Entonces, Charity y yo sostuvimos el pellejo por las esquinas y lo estiramos por encima de las llamas. El pelo se chamuscó, despidiendo un olor desagradable, y una vez que el pellejo estuvo bastante tostado, cogimos unos cuchillos y nos pusimos a rasparlo hasta que quedó bien limpio.

A continuación, lo cortamos en tiras y estas las echamos en agua hirviendo, junto con un poco de sal y bicarbonato.

—¿Para qué es el bicarbonato? —pregunté.

—Es lo que usan las mujeres para que los frijoles se cocinen antes —me informó Charity—. Puede que también sirva para el pellejo.

Tres horas más tarde, cuando una espesa capa de espuma blanca se había formado encima del agua, Charity pinchó un trozo de pellejo con el cuchillo y lo sacó de la olla. Se había vuelto de color grisáceo y tenía un aspecto gelatinoso. Sopló para enfriarlo un poco y se lo metió en la boca, masticando una y otra vez, hasta que se lo tragó.

—¿Cómo está? —pregunté.

—Un poco duro; pero ya no nos queda leña, así que vamos a comer de una vez.

Pinché un trozo con mi cuchillo y lo cogí con los dedos. Estaba pegajoso, como si lo hubieran cubierto de pegamento. Sin más dilación, me metí el pellejo en la boca y tomé aire; sentí que la furia de mi estómago se aplacaba. En cuanto empecé a masticar, el jugo me pegó los labios.

—Feliz Navidad —mascullé.

—*Yah*, feliz Navidad.

En ese preciso instante, oí que algo arañaba la puerta y me di cuenta de que se trataba de Khamba. Había olido nuestro plato navideño desde casa y había venido corriendo. Estaba en los huesos, pero movía la cola. Me alegré de verlo.

—Dale algo —dijo Charity—. De todos modos, esto es comida para perros.

Me agaché y le rasqué la cabeza.

—A ver qué tenemos para ti, amigo —dije—. Seguro que estás famélico.

Le tiré una buena tira de pellejo y, para mi sorpresa, Khamba pegó un salto y la atrapó al vuelo, como en los viejos tiempos. Volví a meter el cuchillo en la olla y le di dos buenos trozos más. En cuanto terminó de comer, sus energías parecieron regenerarse.

Perdí la cuenta de cuántos trozos me comí; pero, tras media hora masticando sin parar, Charity y yo decidimos dejarlo porque nos dolía la mandíbula. En cuanto empezó a bajar el sol, los tres nos quedamos sentados junto a las brasas, satisfechos de habernos podido meter algo caliente en el estómago. Al fin y al cabo, de eso se trataba la Navidad.

6
EL SORTEO DE ESCUELA

Una semana más tarde, estaba en casa escuchando el radio cuando oí algo mejor que cualquier regalo de Navidad.

—La Comisión Examinadora Nacional ha publicado los resultados de los exámenes Estándar Ocho de este año —dijo el locutor.

Fui corriendo a la cocina a decírselo a mi madre.

—¡Ya salieron las notas! —exclamé.

Me dirigí a toda velocidad a la escuela, sorteando piedras y charcos, sin pensar por una vez en el hambre que tenía y preguntándome qué escuela secundaria me habría tocado, si Chayamba o Kasungu. Desde que había decidido estudiar para científico, sabía que esas dos escuelas eran las mejores para ello. Contaban con los mejores profesores, las bibliotecas más completas y laboratorios donde llevar a cabo experimentos. Por descontado, me daba igual una que otra. Me tocara la que me tocara, me daría por satisfecho.

Cuando llegué a la escuela, vi que ya había muchos alumnos esperando frente al edificio de administración. Me abrí paso hasta la puerta y di con las listas donde figuraban las diferentes escuelas con sus respectivos alumnos debajo de cada nombre. Primero repasé la lista de Kasungu. Nada. Luego, la de Chayamba. Pasé el dedo por los nombres que empezaban por K: Kalambo, Kalimbu..., Makalani.

"Un momento", pensé. "Tiene que haber un error".

—Estás aquí, Kamkwamba —dijo Michael, uno de los mejores alumnos—. En la lista de Kachokolo.

Tenía razón; pero Kachokolo era, probablemente, la peor secundaria del distrito. Igual que la de Wimbe, se trataba de una escuela comunitaria y era muy humilde. No tenía programas de ciencia ni laboratorios, pero sí techos llenos de goteras.

"¿Cómo es posible?", me pregunté. Entonces, me fijé en la lista con las calificaciones. De cinco asignaturas, solo había sacado una B en Chichewa, que era la más fácil; el resto eran aprobados o suspensos.

Me había tocado Kachokolo porque mis notas daban asco.

De golpe, caí presa del desánimo. Pensé en el largo camino hasta la escuela, que estaba a unas tres millas de mi casa, junto a una enorme fábrica de tabaco. También quedaba cerca de un río al que Gilbert, Geoffrey y yo íbamos con frecuencia a pescar. El camino solía estar enlodado.

Michael me dio una palmadita en el hombro y soltó una carcajada.

—Felicidades —dijo—. Al menos, puede que llegues a ser un gran pescador.

Lo único bueno de aquello era que a Gilbert también le había tocado Kachokolo porque sus calificaciones también eran desastrosas. En todo caso, en dos semanas ambos estaríamos recorriendo aquella larga y fangosa carretera.

El Año Nuevo llegó con lluvias persistentes que le venían muy bien al maíz. A pesar de no tener fertilizante, las semillas habían germinado bien y, por el momento, las plantas parecían estar sanas. Los tallos se habían puesto de un color verde intenso y ya llegaban casi hasta las rodillas de mi padre.

La lluvia lo había revivido todo. A lo largo y ancho de la región, los bosques y campos estaban verdes y florecidos. Fuera por donde uno fuera, flotaba en el aire una fragancia embriagadora. Parecía una broma cruel, claro, porque todavía no había nada para comer.

Los comerciantes del mercado habían aumentado el

precio del maíz a mil kuachas por cubo. Gran parte de la gente del pueblo, que hacía tiempo que solo comía *gaga*, empezó a enfermar cuando los vendedores comenzaron a mezclar el maíz seco con aserrín. Cuando esto salió a la luz, una masa furiosa fue a pedir explicaciones.

—¿Gasté todo mi dinero en aserrín? —preguntó un hombre a gritos.

—¡Tengo a los niños en casa, vomitando!

—¡Son unos delincuentes!

Por muy furiosa que estuviera la gente, el hecho de no tener dinero implicaba que tampoco tenía poder alguno, así que empezaron a producirse actos criminales.

Una tarde, mi madre llegó al mercado con sus pastelitos y preparó su puesto de venta. En cuestión de segundos, una muchedumbre se acercó gritando y empezó a llevárselo todo.

—Me llevo dos —dijo una mujer.

—Deme tres —dijo otra.

En medio de aquel caos, mi madre no se percató de que otras personas le estaban robando los pastelitos que tenía detrás de ella y luego salían corriendo. Un hombre cogió tres, se sentó en el suelo y se los comió ahí mismo.

—Son nueve kuachas —dijo mi madre.

—No tengo dinero —contestó él.

Al anochecer, regresó a casa visiblemente preocupada y con el pelo revuelto.

—Se lo han llevado casi todo —nos comunicó.

Esa noche, no cenamos más que migajas.

Como el precio del maíz no hacía más que aumentar, mi madre cada vez podía comprar menos harina, por lo que la cantidad de pastelitos que vendía empezó a verse reducida, igual que nuestra ínfima ración diaria de *nsima*. Primero daba para siete bocados, luego para cinco, para cuatro, tres...

—Beban un trago de agua con cada bocado —nos indicó—. Así engañan a su estómago.

A la hora de cenar, mis hermanas y yo repartíamos todo lo más equitativamente posible. Sin embargo, mi hermana Rose, que tenía siete años, empezó a volverse más avariciosa, y a veces cogía grandes puñados de *nsima* y se los metía en la boca antes de que nadie pudiera evitarlo.

—¡Oye, tranquila! —gritó Doris.

—No tengo la culpa de que coman tan despacio —replicó Rose.

Todos estábamos adelgazando, especialmente las más jóvenes de la familia, como Rose, a la que mis padres nunca le reprochaban que comiera un poco más que los demás. Una noche, sin embargo, Doris dijo basta. Rose cogió un gran trozo de *nsima*, y Doris saltó por encima de la bandeja y le propinó varios puñetazos en la cara.

—¡Mamá! —gritó mi hermana pequeña.

Mi madre trató de separarlas, pero acabó derrumbándose contra la pared.

—Por favor —suplicó—. No me quedan fuerzas.

Aquella noche volvimos a acostarnos hambrientos y con olor a comida en los dedos, un aroma que ni el agua más caliente podía eliminar.

Cuanto más empeoraba la situación por culpa de la hambruna, más pensaba yo en empezar la escuela secundaria. De algún modo, estar hambriento rodeado de compañeros parecía mucho más fácil que pasar hambre en casa.

A medida que se iba acercando el gran día, fui haciendo lo posible por prepararme. El primer problema con el que me encontré fue el del uniforme. Cuando todavía teníamos dinero, mi madre me había enviado a los puestos de ropa usada del mercado para que me comprara una camisa blanca.

Como solo tenía dos camisas, acabé poniéndome la blanca a menudo y se había ensuciado. Entonces, nos quedamos sin jabón.

Antes de empezar los problemas, usábamos un jabón barato, marca Maluwa, que compartíamos entre todos para bañarnos y lavar la ropa. Cuando el jabón se acabó, ya no tuvimos dinero para comprar otra. Podíamos lavarnos el cuerpo con agua caliente y arbustos *bongowe*, que hacían las veces de esponja, pero lavar una camisa blanca no era tan fácil. Lo intenté todo: hervirla, dejarla sumergida en agua toda la noche y fregarla hasta que me dolieron los brazos.

Nada de eso funcionó, así que empecé la secundaria con círculos amarillos en las axilas y un anillo grisáceo en el cuello. ¿Qué otra cosa podía hacer?

Esa mañana, había quedado en encontrarme con Gilbert en la carretera para ir juntos a la escuela.

—Gilbert, *bo!*

—*Bo!*

—¿Seguro?

—¡Seguro!

—¿Listo?

—¡Listo!

—¡Por fin ha llegado el día que tanto esperábamos, amigo mío!

—¡Eso parece!

—Tenemos que estar preparados para los abusadores.

—*Yah*, tienes razón. A ver quién nos pega primero...

—De eso quería hablarte. Si un alumno mayor se mete con nosotros y no tiene muchos músculos, yo digo que nos defendamos sin pensarlo dos veces.

—Buen plan.

—¿Quién le pega primero, tú o yo?

—Tú, sin duda.

Las tres millas que teníamos que andar hasta Kachokolo nos llevaron por las colinas, a través de los campos de maíz y más allá de los *dambos* en los que solíamos cazar de pequeños. La escuela se encontraba en un valle, rodeada de plantaciones de tabaco en las que había tractores en marcha y algunos pocos hombres afortunados trabajando.

Al llegara a la escuela, nos reunimos en filas delante del director, el señor W. M. Phiri (que no tenía relación con el luchador de las historias de mi padre), que llevaba puesto un traje gastado de color marrón. Era un hombre mayor y calvo, excepto por algunos cabellos grises que le crecían alrededor de las orejas.

El señor Phiri empezó diciendo lo contento que estaba de ver a unos estudiantes tan prometedores. Y tenía razón: éramos un grupo con muy buena pinta y todos nos sentíamos entusiasmados de poder seguir avanzando en nuestra educación. En Malaui, ir a la escuela secundaria era un privilegio y un honor. De hecho, yo estaba convencido de que estaba experimentando el momento más importante de mi vida.

—No obstante, como en cualquier otra institución académica —señaló—, en esta escuela hay unas reglas que deben cumplirse. Todos los alumnos deben ser puntuales y deben vestirse adecuadamente. De lo contrario, se exponen a ser castigados.

Después de la presentación, me dirigía al aula cuando el señor Phiri me dio un golpecito en el hombro.

—¿Cómo te llamas? —preguntó.

Yo me volví, petrificado.

—William Trywell Kamkwamba —murmuré, incapaz de disimular mi nerviosismo.

—Bueno, William, pues debes saber que este no es el uniforme adecuado.

Yo me llevé ambas manos a las axilas para ocultar las manchas amarillas en mi camisa; pero el señor Phiri se refería a mi calzado.

—Las sandalias no están permitidas —dijo—. Aquí, los alumnos tienen que calzar adecuadamente en todo momento. Así que, por favor, ve a tu casa y cámbiate.

Yo bajé la vista hacia mis chancletas, que estaban desgastadas. En una de ellas, la goma que unía la suela estaba rota, por lo que yo traía un cordón y un imperdible en el bolsillo para reparaciones de emergencia.

Como la verdad era que no tenía otro calzado en casa, tuve que pensar rápido.

—Señor director —contesté—, me pondría un par de zapatos, pero vivo en Wimbe y tengo que cruzar dos ríos para llegar aquí. Y como estamos en la estación lluviosa, mi madre no quiere que arruine mis zapatos de cuero caminando por el barro.

El hombre frunció el ceño, pensativo. Recé para que mi excusa lo convenciera.

—De acuerdo —dijo—, pero en cuanto terminen las lluvias, quiero verte con calzado adecuado.

Mis padres tampoco tenían dinero para los libros. En Malaui, las escuelas no les proporcionaban a sus alumnos el material para el curso, como sí sucede en Estados Unidos. Incluso en épocas mejores, la mayor parte de los estudiantes no podían permitirse adquirir sus propios libros y tenían que compartir los de otros compañeros. En la Escuela Primaria de Wimbe, eso implicaba apretujarte en la misma silla con otro alumno y esperar que él no leyera más rápido que tú. Por suerte para mí, Gilbert siempre se compraba sus propios libros y me dejaba compartirlos con él. Incluso teníamos el mismo nivel de lectura.

Como he dicho antes, las condiciones en la escuela primaria habían sido deplorables. Goteras en el techo, ventanas sin vidrios que protegieran del viento frío del invierno, clases impartidas bajo los árboles y, por supuesto, esas letrinas horrorosas y sus terribles historias.

Yo tenía la esperanza de que Kachokolo estuviera un poco mejor, pero no tuve esa suerte. Tan pronto como Gilbert y yo entramos en nuestra aula, nuestro profesor, el señor Tembo, nos indicó que nos sentáramos en el suelo.

—El gobierno no nos ha enviado dinero para sillas ni pupitres —explicó, un tanto avergonzado—, ni para ninguna otra cosa, a decir verdad.

Sin duda, no para reparaciones. En el centro del suelo había un agujero enorme, como provocado por una explosión. Las paredes se estaban viniendo abajo. Una brisa húmeda entraba por las ventanas rotas. Y, por supuesto, cuando miré al techo, lo que vi fue el cielo azul.

Por suerte, el señor Tembo era un hombre amable y tranquilo, que trataba de sobreponerse a los inconvenientes. Como la mayoría de los maestros de las escuelas comunitarias, vivía en una casita que estaba al lado de la escuela junto a su esposa y sus hijos. Su ropa era vieja y estaba gastada, y el pequeño huerto que tenía detrás de su casa apenas podía sustentar a su familia. Sin embargo, a diferencia de los granjeros, su escueto pero constante salario le permitía comprar algo más de grano durante la hambruna. De todos modos, ya había visto a sus hijos en el patio antes de entrar en las aulas, y tenían los brazos y las piernas tan delgados como los míos.

A pesar de las precarias condiciones, el señor Tembo no perdió el tiempo y empezó con las clases de inmediato. La primera clase fue de historia: las antiguas civilizaciones de China, Egipto y Mesopotamia. Aprendimos acerca de las formas de escritura tempranas y cómo se comunicaban esas culturas entre ellas. En lo que se refería a las matemáticas, yo siempre había tenido problemas con ellas, pero me encantaban las discusiones que manteníamos sobre ángulos y grados, y sobre cómo usar la regla para medir. Recordaba haber oído todas aquellas palabras antes en boca de los constructores del mercado.

Una tarde empezamos con la asignatura de Geografía. El señor Tembo sacó un mapa del mundo y nos pidió que señaláramos el continente africano, cosa que era fácil.

121

—Ahora, ¿quién sabe decirme dónde está Malaui?

—*Yah*, ¡aquí está!

Fuimos pasando los dedos con orgullo sobre nuestro país. No podía creer lo pequeño que era comparado con el resto del mundo. Pensar que mi vida entera había transcurrido en aquella pequeña franja de tierra. En el mapa, el terreno era verde y el lago parecía una joya de color turquesa, por lo que resultaba difícil adivinar que ahí vivíamos once millones de personas y que casi todos estábamos muriéndonos de hambre.

Esa semana me di cuenta de algo: el hambre era tan insoportable en la escuela como en la casa. Mi estómago se pasaba el día rugiendo y era muy complicado prestar atención en esas condiciones. Al principio, mis compañeros y yo estábamos encantados de levantar la mano y ser los primeros en contestar una de las preguntas del profesor.

—¡Yo, señor Tembo! ¡Aquí! —exclamaba yo.

No obstante, al cabo de dos semanas, la clase sucumbió a un silencio que ya no se vio quebrado nunca más. Los rostros de los alumnos eran cada vez más enjutos y, como nadie tenía jabón en su casa, la piel de la cara se nos fue secando y poniendo gris, como si estuviera cubierta de ceniza. A la hora del recreo, algunos de mis compañeros salían de los límites de la escuela en busca de comida y ya no volvían.

En cualquier caso, eso acabó dando igual. El primer día de febrero, mientras formábamos filas antes de entrar a clase, el señor Phiri anunció lo siguiente:

—La administración es consciente de la situación que atraviesa el país y que nos afecta a todos, pero muchos de ustedes todavía no han pagado las cuotas de este año. Deben saber que, a partir de mañana, termina el período de gratuidad.

Mi peor sueño se había hecho realidad. Ya sabía que mi padre no había pagado las cuotas. ¿A quién pretendía engañar? Si apenas podíamos comer una vez al día... No podíamos permitirnos comprar ni un jabón, y mucho menos pagar mil doscientos kuachas para que yo pudiera ir a la escuela. Mientras regresaba a casa, me puse furioso conmigo mismo por haberme ilusionado y haber decidido asistir a la escuela a pesar de todo. Me había arriesgado a echar un vistazo fugaz a mi sueño y ahora este se estaba esfumando.

—¿Qué voy a hacer? —le pregunté a Gilbert—. No me queda más remedio que aceptar las cosas como son.

—No te estreses —me aconsejó él—. Explícaselo a tus padres a ver qué pasa.

Cuando llegué a la casa, me encontré a mi padre trabajando en el campo.

—En la escuela me dijeron que mañana tengo que pagar los mil doscientos kuachas de cuotas —le conté—. El señor Phiri hablaba muy en serio.

Mi padre se quedó mirando al suelo durante un largo rato.

—Ya sabes en qué situación estamos, hijo —me dijo al fin—. No sabes cuánto lo siento, pero me temo que no puedo hacer nada al respecto.

A la mañana siguiente, esperé a Gilbert en la carretera. Por alguna razón, me había puesto el uniforme escolar aunque no fuera a ninguna parte. Cuando Gilbert apareció y me saludó, dejé que pasara de largo.

—¿Qué sucede? —preguntó, volviéndose—. ¿Es que hoy no vienes a la escuela?

—Lo dejo —respondí, al borde del llanto—. Mis padres no tienen el dinero.

Gilbert parecía furioso, cosa que, de algún modo, hizo que yo me sintiera mejor.

—Lo lamento mucho, amigo mío. Espero que puedan conseguirlo.

—Ya, quién sabe... —dije—. Hasta luego, Gilbert.

Caminé hasta casa de Geoffrey para darle la noticia. Unas pocas semanas atrás, había tenido la suerte de que un rayo tumbara un árbol de su patio. Había cortado la madera y la había ido vendiendo como leña para el fuego a un lado de la carretera. Lo que ganó sirvió para dar de comer a su familia durante un tiempo... O eso pensaba yo.

Me lo encontré vistiéndose cuando entré a su habitación y la visión de su cuerpo me dejó perplejo. Había perdido tanto peso que tenía las cuencas de los ojos hundidas y oscurecidas, pero el blanco de los ojos parecía refulgir. "Este es el aspecto que tiene alguien que se está muriendo de hambre", pensé. Parecía un fantasma.

—¿Por qué no estás en la escuela? —me preguntó—. ¿No te habían elegido para Kachokolo?

—No puedo pagarlo, así que he dejado de ir.

—Oh —murmuró, callando unos instantes—. Tú y yo estamos en la misma situación. Espero que Dios tenga algún plan para nosotros.

—*Yah* —dije—. Yo también.

Por la tarde, volví a la carretera a esperar a Gilbert. Cuando me vio, se puso a negar con la cabeza.

—Casi todo el mundo lo dejó —me contó—. Apenas quedamos unos pocos.

De setenta alumnos, solo habían permanecido veinte.

7
HORA DE MORIR

Una semana más tarde, ya no quedaba más *gaga* en el mercado. La gente empezó a vivir de hojas de calabaza y, cuando estas también se acabaron, se puso a buscar cáscaras de banana y mazorcas viejas en la basura.

Por la carretera, veías a la gente comiendo hierba o desenterrando raíces; cualquier cosa con tal de llenar el estómago.

Cuando el hambre se instaló del todo, a la gente le cambió el cuerpo. Algunas personas estaban tan flacas que parecían esqueletos vivientes, mientras que otras empezaron a sufrir *kwashiorkor*, una dolencia provocada por la falta de proteínas. En lugar de adelgazar, el vientre y las extremidades se les hinchaban con líquido. Otra de las bromas crueles de la hambruna, porque la realidad era que se estaban muriendo.

Todos los días pasaban por casa personas hambrientas que le suplicaban a mi padre que los ayudara. Veían que todavía conservábamos las planchas metálicas del techo en una parte de la casa y pensaban que éramos ricos, a pesar de que las estábamos aguantando con piedras. Algunas de esas personas decían que habían caminado treinta millas.

—Si me da una galleta, puedo trabajar en lo que me diga —decía la gente, con los pies tan hinchados que ni siquiera podían calzarse unas sandalias—. Hace seis días que no comemos; ¿no tendría un platico de *nsima*?

—No tengo nada —repetía mi padre una y otra vez—. Apenas puedo alimentar a mi propia familia.

—Aunque sea un poco de puré —suplicaban.

—He dicho que no —zanjaba mi padre.

Había quien estaba tan débil que no podía seguir con su camino y se quedaba a pasar la noche en nuestro patio. El suelo y la madera estaban demasiado húmedos para encender un fuego y, cuando comenzaba a llover, la gente se apelotonaba debajo del porche de casa temblando. Al amanecer, todos se habían marchado.

Unas noches después, estábamos sentados fuera cenando cuando un hombre se nos acercó desde el camino. Estaba delgadísimo y cubierto de barro, y era un milagro que siguiera con vida. Tenía los dientes salidos y se le estaba cayendo el pelo. Sin mediar palabra, se sentó junto a nosotros. Entonces, para mi horror, metió la mano mugrienta en mi tazón de *nsima* y cogió un trozo enorme. Estábamos tan anonadados que nos limitamos a observarlo mientras cerraba los ojos y masticaba. Cuando se tragó lo que tenía en la boca, se volvió hacia mi padre.

—¿Tiene más?

—Me temo que no —contestó mi padre.

—De acuerdo —dijo el hombre que, sin más, se puso de pie y se fue.

La gente no dejaba de venir. Más que nunca, se reunía en el mercado como manadas de animales salvajes huyendo de un incendio. Mujeres con el rostro demacrado se sentaban solas en el suelo a rezarle a Dios, pero lo hacían en silencio y sin derramar una sola lágrima. Su angustia se expresaba con el silencio, puesto que ya no tenían energías ni para llorar.

Algunos comerciantes seguían extendiendo sus tapetes sobre el barro para vender grano, pero quedaba tan poco que lo tenían a precio de oro, como si poco más de una libra fuera a proporcionarte el universo entero. La muchedumbre se juntaba alrededor de ellos, más que nada para contemplar la mercancía con puro asombro, como si aquello no pudiera ser real. Aquellos a los que les quedaba algún ápice de energía, lo gastaban suplicando a gritos que les dieran algo con que salvar a sus familias.

—*Bwana*, tan solo un poquito de harina para mi hijo. No necesito más. Es para él.

—Eh, si empiezo por usted, tendré que seguir con los demás —contestaban los comerciantes.

Algunos esperaban a que se cayera algún grano de maíz al suelo para abalanzarse sobre él y metérselo con tierra y todo en la boca.

Todos tenían alguna historia que contar.

—Un hombre se pasó días en busca de comida —explicó alguien—. Una mañana, se tumbó bajo un árbol a echar una siesta y ya no se despertó.

—Yo estaba cocinando —contó otro— cuando un hombre llegó y se sentó a mi lado. Me dijo que tenía que comer algo, pero antes de que la *nsima* estuviera lista, ya había muerto.

Otras personas habían estado tanto tiempo sin llevarse nada a la boca que el primer bocado que probaban resultaba fatal para sus maltrechos cuerpos. Una mujer se había cruzado con dos cadáveres que todavía sujetaban sus azadones. Había personas que tenían el cuerpo tan inflado por el *kwashiorkor* que trataban de drenar la hinchazón pinchándose con un cuchillo, para luego acabar muriendo a causa de las infecciones.

La gente que deambulaba por las carreteras no era la única que se estaba consumiendo. Una noche, a principios de febrero, me senté a comerme mi minúscula porción de *nsima* y reparé en Khamba, que había venido desde el otro lado del patio, un esfuerzo que lo había dejado exhausto. Estaba cabizbajo y tenía los ojos salidos, y la luz de la lámpara de queroseno me permitió contar todas y cada una de sus costillas.

Como tantos otros en Wimbe, mi perro se estaba muriendo de hambre.

Su última comida de verdad había sido el pellejo de chivo de Navidad, que lo había fortalecido un poco y que, incluso, le había hecho ganar algo de peso. Pero lo cierto era que, desde entonces, solo había podido alimentarlo otras cinco veces más, y únicamente con un poco de *nsima*. Aquella noche no tenía nada para darle.

—Lo siento, amigo —me disculpé, con un nudo en la garganta—. Hoy no puedo compartirlo contigo.

Apenas tardé unos instantes en terminar mi ración. Cuando ya no hubo comida a la vista, pasé por encima de Khamba y me fui a mi habitación. Me tumbé en la cama y tuve un sueño extraño y esperanzador. Soñé que mi estómago había tomado todo mi cuerpo, convirtiéndome en una especie de globo humano. Sin embargo, en un momento del sueño, me desinflé y me percaté de que solo había estado lleno de aire. Entonces, mi estómago se puso a aullar angustiado. Respiré hondo para tratar de volver a llenarlo, pero fue en vano. Me dolía todo el cuerpo.

"Tengo que comer", pensé.

Me quedé allí tumbado, escuchando el sonido de la lluvia contra el techo, hasta que pude hacer acopio de fuerzas y fui capaz de levantarme de la cama. Salí de mi habitación y me asomé a la cocina, donde Khamba yacía acurrucado junto a las brasas, que hacía tiempo que se habían apagado.

—¡Khamba! —exclamé—. ¡Vamos a cazar!

Aquello hizo que levantara la cabeza de golpe, como aguijoneado por algo. Se puso a golpear la cola contra el suelo y, con mucho esfuerzo, se puso de pie. Hacía un año desde la última vez que habíamos salido de caza, pero él seguía dispuesto. De hecho, meneaba la cola con tanta fuerza que parecía que en cualquier momento se iba a empujar a sí mismo.

—¡Vamos a buscar algo de comer, chico!

Como no tenía maíz para poner de cebo en la trampa, cogí un poco de ceniza de la fogata y la guardé en una bolsa. Sin perder más tiempo, nos pusimos en marcha por el sendero que conducía a las montañas Dowa, que siempre parecían estar envueltas en niebla. Caminamos lentamente para ahorrar energías y me puse a silbar una cancioncita alegre para levantarnos el ánimo.

El maíz de nuestros campos crecía alto y verde, y yo sabía que no faltaba demasiado para que pudiéramos comer; no mucho más de un mes, seguramente. Aquella oscuridad no tardaría en desaparecer... Levanté la vista al cielo en busca de pájaros, pero no vi ninguno.

Cuando encontré un lugar donde plantar la trampa, sujeté la goma a los postes y preparé el gatillo. Por último, esparcí la ceniza en el suelo y suspiré. Tenía un aspecto lastimoso.

—Esperemos que los pájaros estén tan hambrientos como nosotros —dije.

Si conseguíamos atrapar al menos tres pájaros, tal vez aquella noche yo podría dormir mejor y Khamba ganaría algo de peso y podría aguantar una semana más. Cogí la cuerda por uno de los extremos y la llevé hasta detrás de un árbol cercano, donde el perro y yo nos tumbamos a esperar. Khamba se durmió de inmediato.

Al cabo de unos quince minutos, una pequeña bandada de pájaros descendió y se posó junto a la trampa. Khamba se despertó de inmediato, como si lo hubiera percibido en sus sueños. Mientras las aves se iban acercando hacia el cebo, dejé volar la imaginación. Pensé en el fuego crepitando en el patio de casa, en mis manos salando la carne y en esta asándose sobre las brasas, desprendiendo un sonido chisporroteante y un olor delicioso.

Los fuertes latidos de mi corazón me hicieron volver a la realidad justo a tiempo para ver que los pájaros estaban a punto de picar. Me dispuse a halar la cuerda, pero, en ese preciso instante, los animales se percataron de que el cebo no era otra cosa que ceniza y levantaron el vuelo.

Exhalé, sintiéndome derrotado; puede que incluso llorara.

Esa noche, en casa, Khamba cayó en un sueño profundo y alarmante. A pesar de acercarle algo de *nsima* y de hojas de calabaza que había reservado para él, me costó lo mío despertarle.

—¡Khamba! —exclamé—. A cenar.

Abrió los ojos y me dio con la cola. Yo lancé la comida al aire, pero él ni siquiera trató de atraparla, así que cayó al suelo. Pasaron varios minutos hasta que pudo levantarse y comer, y cuando por fin lo hizo, su cuerpo temblaba con cada bocado.

Dos días después, volví a darle de comer. No tenía más que unas pocas hojas de calabaza, así que me acerqué y las deposité en su tazón.

—Ojalá fueran más —me disculpé—. Ha sido todo lo que he podido conseguirte.

Sin embargo, tan pronto como la comida llegó al estómago de Khamba, la vomitó, y supe que su final estaba cerca.

—Aguanta solamente un mes más —dije—. ¡Entonces podremos darnos un festín!

A la mañana siguiente, mi primo Charity pasó por casa acompañado de su amigo Mizeck, al que me costó reconocer. Mizeck siempre había sido corpulento, pero ahora se le marcaban los huesos del cráneo en el rostro. En cuanto reparó en Khamba, se hizo el gracioso.

—Pero miren este perro —dijo—. Esto da lástima.

Khamba estaba medio dormido, ajeno a las moscas que tenía sobre el lomo. Hacía tiempo que había dejado de espantarlas.

—¡Casi no puedo mirarlo de lo patético que es! —siguió Mizeck.

Traté de cambiar de tema.

—¿Qué planes tienen para hoy? —pregunté.

—Pues ir al mercado, como de costumbre —contestó Charity—. A lo mejor encontramos algún *ganyu*, aunque no tengo demasiadas esperanzas.

Mientras Charity y yo hablábamos, Mizeck no apartaba la mirada de Khamba, como si se hubiera obsesionado con él.

—Tienes que sacar a este bicho de su miseria —dijo—. Llévalo detrás de la casa y dale con una piedra en la cabeza.

Fingí no haber oído lo que acababa de decir.

—Tiene razón, William —coincidió Charity—. ¿No ves que está sufriendo? Llévatelo al *dambo* y métele la cabeza dentro. No le dolerá.

—Un... Un momento —farfullé—. ¿Qué me quieren decir?

—Pues que ha llegado la hora de que te portes como un hombre —contestó Mizeck.

Me entraron ganas de darle un puñetazo en la cara.

—Mi perro está bien —alegué—. Ya se pondrá mejor. Dentro de un mes es...

—Si no te ves capaz de hacerlo —me interrumpió Mizeck—, podemos encargarnos nosotros.

Miré a Charity, que bajó el tono de voz.

—Es lo correcto, William. No te preocupes, no hace falta que tú hagas nada. Volveremos mañana y nos lo llevaremos. No sentirá nada.

Traté de decir algo, de protestar, pero la mirada enloquecida de Mizeck me cortaba la respiración. Los ojos le brillaban como a una hiena.

Cuando, por fin, se marcharon, me sentí aturdido y débil, como si tuviera las piernas hechas de hierba. Me senté junto a Khamba y me quedé contemplándolo mientras dormía, con las moscas revoloteando y posándose encima de él. Debió de pasar media hora hasta que se despertó, me vio y agitó la cola levemente. La manera en la que me miró, a pesar del estado en que se encontraba, me hizo recordar los días que pasamos juntos antes de la hambruna, cuando nos comunicábamos sin siquiera abrir la boca.

Llegué a la conclusión de que no podía dejar que Mizeck y Charity se lo llevaran, y estuve pensando en las alternativas hasta que anocheció. Una cosa era cierta: Khamba estaba sufriendo. Pero ellos se equivocaban con respecto a mí. Yo sí que podía portarme como un hombre.

A la mañana siguiente, estaba sentado junto a Khamba cuando Charity apareció en el patio. Se me aceleró el pulso. Él miró al perro y caminó hacia nosotros. Sin embargo, antes de que pudiera decirme nada, me puse de pie.

—Yo me encargaré —anuncié.

—¿Cómo?

—Voy a llevármelo al bosque.

Charity parecía confundido.

—Un golpe de piedra sería más rápido —dijo—. O llevarlo al *dambo*.

—Ya lo decidí.

Charity asintió.

—Es lo correcto. Vendré luego y lo haremos juntos.

Esa tarde, cuando mi primo estuvo de vuelta, fuimos hasta el rincón sombrío que había detrás de mi habitación, donde Khamba solía dormir. Llevaba ahí desde la noche anterior.

—¡Khamba! —dije—. ¡Salgamos a cazar!

Khamba levantó la cabeza.

—¡Vamos!

Se levantó como pudo, se sacudió las moscas y vino tambaleándose hacia mí. Tardamos una eternidad en salir del pueblo. Tuve que caminar delante de él, de espaldas, para que siguiera avanzando.

—Vamos, muchacho. Puedes hacerlo.

Seguimos el camino que llevaba a las colinas. El sol se estaba poniendo por el oeste, bañándolas de un bonito tono anaranjado. El aire era tibio y seco; era el momento ideal para cazar. Nos adentramos en el bosque de eucaliptos que Khamba conocía tan bien y, llegados a un punto, Charity se salió del camino.

—Por aquí —indicó.

Khamba y yo fuimos tras él, abriéndonos paso entre la hierba alta y espesa. Yo estaba al borde del llanto, pero logré contenerme.

—No te sientas mal —me dijo Charity, mirándome—. No es más que un perro.

Asentí.

—*Yah*, no es más que un perro —repetí.

Al cabo de unos minutos, nos detuvimos en medio de matorrales y arbustos frondosos que nos llegaban hasta el cuello. La cresta de las colinas se divisaba por encima de los árboles.

—Aquí está bien —dijo Charity—. Nadie vendrá nunca por este lugar.

Yo no estaba tan seguro. Me volteé y comprobé que todavía podía ver el techo de mi casa.

—¡Estamos demasiado cerca! —dije.

—El perro ya no puede más.

Miré a Khamba, que se había desplomado sobre la hierba, bajo un árbol *thombozi*, y resollaba con fuerza.

Sin más preámbulos, Charity se puso a arrancar la corteza de un árbol *kachere* para hacer una cuerda. Yo aparté la vista de él y contemplé el bosque. Cuando Charity se detuvo, supe que había llegado la hora.

—Átalo al árbol —dije.

Charity ajustó un extremo de la soga alrededor del tronco del *thombozi* y el otro a una pata de Khamba. Entonces, comenzó a caminar de regreso al pueblo. Cuando me dispuse a seguirlo, Khamba levantó la cabeza y se puso a gemir, consciente de que estaba abandonándolo. Tras unos pocos pasos, cometí el enorme error de voltearme a mirarlo. Khamba siguió mirándome unos instantes más y, finalmente, reposó la cabeza sobre el suelo.

—He hecho algo terrible —dije, acelerando el paso.

Una vez que estuvimos de regreso en el pueblo, Charity se fue a su casa y yo me dirigí a mi habitación. Por el camino, pasé junto al tazón de Khamba que estaba junto al gallinero. Lo cogí y lo estampé contra el suelo, haciéndolo añicos.

"No es más que un perro", pensé.

No pude pegar un ojo en toda la noche, sabiendo que Khamba estaba atado a aquel árbol. Si gritaba su nombre lo bastante fuerte, pensé, a lo mejor él podría oírme.

Al día siguiente, evité a todo el mundo y me mantuve ocupado en el campo. No obstante, tan pronto regresé a casa, me encontré con que Sócrates había venido a visitar a mi padre.

—¿Has visto a Khamba? —me preguntó—. No lo encuentro por ninguna parte.

—Pues no —contesté.

—Vaya... Espero que no se haya encontrado con una jauría de perros salvajes.

—Sí —dije—; yo también.

Esa noche, traté por todos los medios de sacarme a Khamba de la cabeza, pero no podía dejar de imaginármelo allí, oculto entre la hierba, aunque la imagen no permanecía por mucho tiempo en mi mente porque estaba tan hambriento que no podía concentrarme demasiado tiempo en nada.

A la mañana siguiente, Charity vino a verme a mi habitación.

—Vamos a ver qué pasó con Khamba —dijo.

—¿A qué te refieres?

—Vamos a ver si ya murió —concretó. Llevaba su azadón, y me indicó que cogiera el mío—. Así la gente pensará que vamos al campo y podremos enterrarlo.

Partimos hacia el bosque, cada uno con su utensilio, pero yo estaba demasiado absorto para conversar. Nos adentramos en la maleza, donde la hierba todavía estaba húmeda del rocío de la mañana y me mojó los pantalones. Luego de un rato caminando, vi algo blanco en el suelo.

Nos acercamos despacio. Khamba estaba en la misma posición en la que lo habíamos dejado. Tenía la cabeza apoyada en las patas delanteras y los ojos abiertos. Por un instante, esperé a que reaccionara, pero entonces advertí que tenía la lengua afuera, reseca y cubierta de hormigas.

—Está muerto —dije.

La cuerda ni se había movido, lo que indicaba que no había opuesto resistencia. Entonces, me sobrevino un pensamiento horrible: al ver que me alejaba, Khamba había perdido las ganas de vivir. En otras palabras, yo lo había matado.

Mientras Charity desataba la cuerda, me puse a cavar un hoyo. Se apoderó de mí una energía furiosa y trabajé más rápido de lo que lo había hecho en meses. Cuando la tumba estuvo lista, Charity me ayudó a depositar el cadáver de Khamba adentro.

—Adiós, Khamba —me despedí, antes de cubrirlo de tierra—. Eras un buen amigo.

Tapamos bien el hoyo y lo cubrimos con hojas y hierba. Cuando Charity y yo regresamos a casa, no le dijimos a nadie lo que habíamos hecho. De hecho, se mantuvo siendo un secreto todos estos años, hasta este momento.

8
VEINTE DÍAS

Dos semanas después de haber enterrado a mi perro, el cólera llegó a nuestro distrito.

Los médicos dijeron que la epidemia se había originado en noviembre al sur de Malaui. Un granjero había asistido a un funeral y había llevado la infección hasta el norte, donde se había extendido como una mancha de aceite. En cuestión de días, cientos de personas habían caído enfermas y una docena habían muerto.

El cólera es una infección muy contagiosa que provoca graves diarreas. La gente suele cogerlo al comer o beber alimentos o agua que han sido contaminados por heces. Se trata de una desgraciada y común consecuencia de la estación lluviosa, y afecta a gran parte del continente africano. Muchos pueblos tienen letrinas muy precarias, que se inundan con las lluvias y acaban contaminando los acuíferos y los arroyos de donde la gente saca el agua. Las moscas también son transmisoras de la enfermedad, puesto que, después de pasar por los baños, se posan en la comida de la gente, contagiándola.

La diarrea resultante es clara y lechosa, y conduce a una rápida deshidratación. Si el enfermo no es tratado de inmediato, corre el peligro de acabar muriendo.

Durante la hambruna, la gente que buscaba comida se convertía, sin saberlo, en portadora de la bacteria. La afección los sorprendía en los caminos y los obligaba a evacuar entre los arbustos. Luego, la lluvia, las moscas y las cucarachas se encargaban de propagar la infección a las cáscaras de banana, a las raíces y a las mazorcas que otros recogían del suelo para comer.

Para combatir la enfermedad, la clínica que había en el mercado empezó a repartir cloro para poner en el agua, lo que le confería un desagradable gusto metálico. También les recomendó a las familias que taparan los agujeros de las letrinas para evitar que entraran las moscas. Mi padre hizo una tapa con una plancha de metal, pero, en cuanto uno la levantaba, las moscas, verdes y enormes, emergían cual plaga bíblica y te cubrían la cara y la cabeza. Resultaba complicadísimo tratar de mantenerlas a raya y trabajar al mismo tiempo. Durante esa época, cualquier señal de diarrea que apareciera cerca de alguna letrina provocaba la alarma general.

Todas las mañanas, las personas afectadas por el cólera

pasaban por delante de nuestra casa cuando iban de camino a la clínica, con los ojos vidriosos y la piel arrugada a causa de la deshidratación. Yo me quedaba mirándolos hasta que se acercaban demasiado, y entonces volvía a meterme dentro. Después de los enfermos, pasaban los que se estaban muriendo de hambre. Entre una cosa y la otra, fue una época de muchos funerales.

En casa, la anemia de Geoffrey había empeorado. El *kwashiorkor* hizo que se le inflaran las piernas de forma grotesca. Si le tocabas un pie, le quedaba una marca en la piel, como si estuviera hecho de arcilla.

—¿Sientes algo? —le pregunté un día, tocándole las ampollas—. ¿Te duele?

—No siento nada —respondió.

Aparte de eso, empezó a marearse y a tener dificultades para caminar en línea recta. Una tarde, cuando lo acompañaba al patio para tomar un poco el sol, se detuvo en seco.

—Espera, volvamos atrás. No veo.

Antes de poder seguir caminando, su visión tuvo que ajustarse a la luz.

Su madre llevaba meses sirviéndole exclusivamente hojas de calabaza.

Y ahora, igual que le había pasado a Khamba, mi primo estaba muriéndose de hambre. Al final, mi madre decidió coger la mitad de nuestra harina de un día y dár-sela a la madre de Geoffrey.

—Con esto tendrás suficiente para un puré —le dijo—. No es mucho, pero es que no puedo ver sufrir a mi familia.

Todos estábamos perdiendo peso, especialmente yo. Ya se me marcaban los huesos en el pecho y en los hom-bros, y el cinturón de cuerda que me había hecho para los pantalones ya no me servía, así que había empezado a atar dos presillas del pantalón con una ramita que iba ajustando a medida que adelgazaba. Mis extremidades parecían ramas de eucalipto y no dejaban de dolerme. En cuanto a las manos, casi ni era capaz de cerrar el puño.

Una tarde me encontraba en el campo, arrancando malas hierbas, cuando el corazón empezó a latirme tan rápido que me quedé sin aire y estuve a punto de desma-yarme. "¿Qué me sucede?", pensé. Aterrorizado, me agaché poco a poco hasta quedar de rodillas en el suelo, y seguí así hasta que mi pulso recuperó su ritmo habi-tual y pude volver a respirar con normalidad.

Esa misma noche, estaba en mi habitación con la lámpara de queroseno encendida y el hambre empezó a jugar con mi mente. Si me quedaba lo bastante quieto, las paredes se ponían a dar vueltas como en un tiovivo. Luego estuve siguiendo un ciempiés con la mirada du-rante lo que parecieron horas. En un momento dado, una libélula pasó volando junto a la luz. La atrapé y la cogí por las alas.

—¿Cómo haces para seguir viva? —pregunté—. ¿Qué es lo que comes?

Una cosa era segura. No había magia que pudiera salvarnos. El hambre era una ciencia cruel.

Incluso mi padre, que había sido siempre un hombre muy corpulento, se estaba secando como una pasa de uva. Donde antes tenía músculo, ahora solo se le veía hueso. Sus dientes parecían más grandes, su cabello había menguado y, por primera vez, reparé en las cicatrices de su cuerpo. Una tarde, nos dijo que le costaba ver más allá del patio. El hambre le estaba robando la visión igual que a Geoffrey.

Daba la impresión de que, cuanto más adelgazaba mi padre, más ganas tenía de pesarse. Tenía una báscula para el maíz colgada de una cuerda junto al cobertizo de las herramientas y una mañana me fijé en su rutina. Iba hasta la báscula, se prendía del gancho y se quedaba ahí colgado como un saco de grano, observando la aguja. Entonces, emitía un leve gruñido y decía:

—Mmm... Once libras. Mama...

Como siempre, mi madre acudía a su llamado, pero se negaba a pesarse, y también nos lo tenía prohibido a mis hermanas y a mí. Igual que muchas otras mujeres durante la hambruna, empezó a atarse su *mpango* en la cintura, bien apretado, alegando que era una manera de engañar al estómago y de evitar que el corazón le latiera demasiado deprisa, cosa que la ayudaba a respirar.

Por la noche, nos daba consejos.

—Están adelgazando porque no dejan de pensar en comer —nos decía—. ¿No se dan cuenta de que eso los estresa y hace que gasten energías?

—Pero mamá, no quiero que se me hinche el cuerpo —contestaba Aisha, llorando.

—Entonces, piensa en cosas positivas —le decía mi madre—. Hazlo por mí.

Si había algo bueno en lo que pensar, era sin duda en las plantas de maíz, que ya le llegaban a mi padre al pecho. Ya se estaban formando las primeras mazorcas, que revelaban pequeñas barbas rojizas en la punta, y las hojas se estaban volviendo amarillentas. Mientras la gente de nuestro entorno no dejaba de morir, nuestras plantas crecían fuertes y sanas.

—Veinte días —predije.

—Eso creo yo también —opinó mi padre.

Si yo estaba en lo cierto, quedaban veinte días para que el maíz estuviera lo bastante maduro para poder comerse, lo que nosotros llamábamos *dowe*, o sea, las mazorcas con los granos bien amarillos, dulces y tiernos. Soñaba con eso día y noche.

A principios de marzo, las plantas ya eran del tamaño

de mi padre. A esas alturas, las flores lo decían todo. Una vez que las barbas empezaban a secarse y a volverse marrones, ya podíamos echarles un vistazo a las mazorcas. Yo iba de planta en planta, palpando los granos. Si los apretaba y se aplastaban, todavía les faltaba un poco; pero si estaban bien firmes, había llegado la hora.

Todas las mañanas, durante una semana, Geoffrey y yo recorrimos las filas de plantas, señalando las que casi estaban a punto, hasta que, por fin, detecté una que parecía madura y apreté sus mazorcas. Estaban duras.

—Esta está lista —dije.

—*Yah* —dijo Geoffrey, señalando otra . Y esta también... Y esta... ¡Y esta!

—¡Qué larga ha sido la espera! ¡Ya podemos comer!

Haciendo uso de la poca energía que nos quedaba, echamos a correr por las filas, arrancando las mazorcas maduras y sujetándolas entre los brazos. En un momentico, había recogido quince y Geoffrey, una cantidad similar. Entonces, pelamos las primeras hojas que protegían las mazorcas, las atamos entre ellas y luego nos las colgamos al hombro. El revuelo que causamos Geoffrey y yo al atravesar el patio corriendo, ataviados con nuestros particulares collares, fue de antología.

—¿Ya está? —preguntó Aisha, con los ojos como platos.

—Ya está.

—¡EL MAÍZ ESTÁ A PUNTO!

Sin perder tiempo, fui a la cocina a preparar las brasas hasta que estuvieron al rojo vivo mientras mis hermanas aguardaban apretujadas en la puerta.

—¡Calma! —exclamé—. Hay mazorcas para todos.

Puse varias directamente entre las brasas y las fui volteando hasta que las hojas que las cubrían estuvieron ennegrecidas. Cuando estuvieron listas, cogí una quemándome los dedos, la pelé y me la llevé a la boca. Los granos eran suculentos y el jugo de su interior era sencillamente celestial. Mastiqué poco a poco y, cada vez que tragaba, le devolvía a mi cuerpo algo que le habían quitado hacía demasiado tiempo. Levanté la vista y vi a mis padres, que habían entrado a la cocina atraídos por el jaleo.

—No creo que estas mazorcas ya estén lo bastante maduras —dijo mi padre, sacando una del fuego. Arrancó las barbas, pegó un mordisco y, en cuestión de segundos, su rostro se iluminó con el fulgor de la vida, consciente de que íbamos a sobrevivir—. Pues sí, están listas —reconoció, sonriente.

Esa tarde nos comimos, posiblemente, unas treinta mazorcas. Además, como por una coincidencia divina, las primeras calabazas también estaban a punto. Mi madre hirvió unas cuantas, con semillas y todo, y las sirvió recién sacadas del agua. Juro por Dios que llenarme el estómago con aquella comida fue uno de los mayores placeres que he experimentado en la vida. Geoffrey y su madre empezaron a venir a casa a comer maíz y calabaza con nosotros. Las piernas de mi primo no tardaron en deshincharse y pudo volver a sonreír como antes.

Para Geoffrey y para mí, marzo fue como una enorme celebración. Todas las mañanas, antes de ir a trabajar, hacíamos un fuego en el campo y nos comíamos un buen desayuno de mazorcas y calabazas asadas. Por ese entonces, recordé una metáfora que Jesús les dijo a sus discípulos, aquella sobre la siembra. Las semillas que se plantan a lo largo de un camino acaban siendo pisoteadas y dañadas, las que se plantan en un terreno rocoso no echan raíces, y las que se plantan entre matas espinosas acaban por enredarse en ellas. Sin embargo, las semillas que se plantan en suelo fértil viven y prosperan.

—Nosotros somos como esas semillas plantadas en suelo fértil, señor Geoffrey, no como las del camino que acaban siendo pisoteadas por todo el mundo.

—A nosotros no nos pisotea nadie.

—Exacto, porque hemos logrado sobrevivir.

9
LA BIBLIOTECA

El maíz y las calabazas inundaron todo el distrito, salvándonos a todos de una muerte segura. Por supuesto, nuestras vidas no volverían a la normalidad hasta la cosecha, para la que todavía faltaban dos meses; y, a la hora de cenar, seguía esperándonos el habitual mazacote de *nsima*. Pero, al menos, era el comienzo de una época mejor. En el mercado, la gente empezó a sonreír de nuevo y a hablar del futuro.

A medida que la zona iba recuperándose, los alumnos de Kachokolo fueron retomando las clases. No obstante, como mis padres seguían sin poder pagarme las cuotas, no tuve otra opción que quedarme en casa. Aparte de ir arrancando malas hierbas, no había mucho trabajo que hacer hasta que llegara el momento de cosechar.

Pasaba mucho tiempo en el mercado, echando partidas de *bawo*. Alguien me enseñó un juego maravilloso llamado ajedrez, al que también empecé a jugar a diario. Sin embargo, eso no bastaba para mantener mi mente estimulada. Necesitaba un pasatiempo mejor, algo que supusiera un reto y que, a la vez, me hiciera feliz. Me pasaba día y noche pensando en la escuela, a la que echaba muchísimo de menos. Entonces recordé que, hacía un año, habían abierto una pequeña biblioteca en la Escuela Primaria de Wimbe gracias a la Autoridad Malauí de Preparación de Profesores y que todos los libros habían sido donados por el gobierno de Estados Unidos. A lo mejor, leer evitaría que mi cerebro se atrofiara.

La biblioteca estaba metida en una pequeña habitación que había junto a la oficina de administración. Entré y fui recibido por una señora muy amable.

—¿Vienes a llevarte algunos libros? —me preguntó, sonriente.

Se trataba de la señora Edith Sikelo, que enseñaba Inglés y Ciencias Sociales en Wimbe, y que también hacía las veces de bibliotecaria de la escuela.

Asentí.

—¿Qué hay que hacer? —pregunté. Era la primera vez que entraba en una biblioteca.

La señora Sikelo corrió una cortina y dejó al descubierto tres enormes estanterías repletas de libros que casi llegaban al techo. Había allí un olor dulzón y húmedo que me resultaría reconfortante de ahí en adelante.

Me explicó las reglas para poder sacar libros prestados y luego me mostró la gran cantidad de títulos que había disponibles. Yo esperaba encontrar, más que nada, obras habituales en la escuela primaria y otros aburridos libros de texto malauíes; pero, para mi sorpresa, aquellas obras procedían de todo el mundo, de lugares como Estados Unidos, Inglaterra, Zimbabue y Zambia. Vi que había libros de lengua inglesa, de historia, de ciencia e, incluso, novelas para pasar el rato.

Aquella mañana me pasé horas sentado en el suelo, hojeando libros y maravillándome con las imágenes que contenían. Por primera vez en mi vida, experimenté lo que se sentía al escapar sin ir a ninguna parte. Los libros de otros países, sobre todo, eran especialmente fascinantes, pero terminé echándoles un vistazo a los mismos libros de texto malauíes que mis amigos estudiaban en la escuela. Estábamos al final del semestre y mi plan era ponerme al día antes de que empezara el siguiente.

Cuando regresé a casa, me hice una hamaca con cuatro sacos de harina y la colgué entre dos árboles. Me pasaba las mañanas en la biblioteca y, por las tardes, me dedicaba a leer a la sombra. Rápidamente, Gilbert se ofreció a ayudarme con mis estudios. Todos los días, al salir de la escuela, pasaba por mi casa y me explicaba las lecciones.

—¿Qué dieron hoy en ciencias? —preguntaba yo.

—El clima.

—¿Puedo copiar tus apuntes?

—Claro.

No obstante, a pesar de lo mucho que me gustaba leer, me resultaba terriblemente complicado. Para empezar, mi inglés era malo, y pronunciar las palabras correctamente requería bastante tiempo y esfuerzo. Además, como no tenía un profesor que me explicara las cosas, había algunas que no acababa de comprender.

—En agricultura —le pregunté a Gilbert—, ¿a qué se refieren cuando hablan de erosión?

—A cuando la lluvia arruina el suelo.

—Ah. Entendido.

Un sábado, acordé con Gilbert que nos veríamos en la biblioteca para mirar libros y pasar el rato; no había por qué estar siempre estudiando. El primer ejemplar que me llamó la atención fue uno de *Ciencias integradas*, el libro de texto de ciencias que usaban los alumnos de bachillerato mayores que yo. Contenía un montón de diagramas y fotografías de cosas extrañas e interesantes como, por ejemplo, gente enferma de rabia y niños afectados por el *kwashiorkor*, como los que había en nuestro país a montones. Otra foto mostraba a un hombre ataviado con un traje inflado de color plateado.

—¿Qué hace este hombre vestido así? —pregunté.

—Aquí pone que está caminando sobre la luna —respondió Gilbert.

—Imposible.

Pasé algunas páginas y vi una foto de las cataratas Nkula, en el río Shire, al sur de Malaui, que era donde funcionaba la planta hidroeléctrica que mencioné anteriormente y de la que se abastecía todo el país. La única información que yo tenía era que el río bajaba hasta la planta y que, por algún motivo, se generaba electricidad. Del cómo y el porqué, no tenía la menor idea.

Sin embargo, aquel libro lo explicaba todo. Decía que el agua hacía girar una especie de rueda gigante llamada turbina y que esta producía la electricidad.

—Pues a mí me recuerda el funcionamiento del dinamo de una bicicleta —le dije a Gilbert—. También genera electricidad al hacer girar una rueda.

La foto de las cataratas Nkula me hizo pensar en el *dambo* que había cerca de mi casa. Durante la estación de lluvias, siempre acababa desbordándose y creando una cascada.

—¿Y si pusiera un dinamo justo debajo del agua? —dije—. Al caer, ¡el agua haría girar la rueda y produciría electricidad! Podríamos escuchar el radio siempre que quisiéramos.

El único problema sería llevar cables de ahí hasta mi casa, lo que costaría una fortuna. Además, ¿qué pasaría el resto del año, cuando el *dambo* no era más que una ciénaga?

—Me parece que voy a tener que seguir investigando al respecto —opiné.

Aquel día, unas horas más tarde, descubrimos otro libro fascinante cuyo título era *Física razonada,* y que también incluía montones de fotos e ilustraciones, mayormente de Inglaterra. Para mi sorpresa, respondía muchas de las preguntas que yo llevaba tiempo haciéndome, como, por ejemplo, por qué un motor generaba movimiento al quemar gasolina o cómo hacía un reproductor de discos compactos para leer la música contenida en un disco (para aquellos que también se lo estén preguntando, ¡es gracias a un rayo láser!). También hallé un capítulo entero dedicado a las pilas y las baterías. Otra imagen describía el funcionamiento de los frenos de un carro. Yo siempre había dado por sentado que los carros, como las bicicletas, usaban bloques de goma para parar las ruedas.

—¿Frenos de vacío? Tengo que llevarme este libro, Gilbert —dije.

Sin embargo, *Física razonada* era mucho más difícil de leer que *Ciencias integradas.* Las palabras y las frases eran largas y complicadas, y no siempre resultaban fáciles de traducir. Al cabo de un tiempo, conseguí elaborar mi propio sistema, que consistía en situar las palabras en un contexto. Por ejemplo, si había una foto o una ilustración que despertaba mi curiosidad, que llevaba por título "Figura 10", y yo no sabía a qué se refería, hojeaba el libro hasta que se mencionaba dicho título, y memorizaba todos los términos y las frases que tenía alrededor. A menudo, le pedía a la señora Sikelo que las buscara en el diccionario.

—¿Puede buscarme la palabra "voltaje"? —preguntaba yo, por ejemplo.

—Claro; ¿alguna otra?

—"Resistencia". Ah, y también "diodo".

Esa fue la manera en que, poco a poco, empecé a aprender inglés, al mismo tiempo que todas esas disciplinas científicas que no tardarían en obsesionarme.

Cuando ya llevaba un par de semanas leyendo ese libro, llegué a un capítulo fascinante, el que trataba de los imanes. Ya sabía algo acerca de ellos porque también se encuentran en los altavoces de los radios. Yo solía sacar algunos y llevarlos a la escuela a modo de juguetes, y me dedicaba a mover pequeños objetos metálicos a través de un trozo de papel.

El libro explicaba que los imanes tenían dos polos, norte y sur. El polo norte de un imán sería atraído al polo sur de otro, y al revés, mientras que los polos idénticos se repelerían. Seguro que lo han probado alguna vez, jugando. De hecho, el mismo planeta Tierra tiene un núcleo de metal líquido que actúa como un imán colosal en relación a sus polos.

Los imanes, igual que la Tierra, poseen campos magnéticos cuyas ondas discurren entre los polos. El polo sur de un imán siempre será atraído hacia el polo norte terrestre. Así es como funciona una brújula, cuyo imán siempre apunta hacia el norte para evitar que uno se pierda.

La parte más fascinante del capítulo era la que trataba de los electroimanes, que funcionan aplicando electricidad a una bobina de alambre de cobre. Según el libro, podían hacerse a partir de objetos cotidianos como clavos y pilas.

Cuando la corriente de una fuente de alimentación, como una pila, pasa a través del alambre de cobre, genera un campo magnético, que puede ser aún mayor si el alambre se enrolla alrededor de un buen conductor de electricidad, como un clavo. Cuanto más alambre hay, más potente es el electroimán. La potencia del mismo también puede verse aumentada usando un alambre más grueso o aplicando más voltaje. El libro contenía imágenes de electroimanes gigantes levantando carros y pesados objetos metálicos. Los imanes más pequeños, decía, servían para alimentar motores sencillos en aparatos como radios o alternadores de autos.

—¡Ajá! —exclamé, sentado en mi hamaca—. ¡Aquí hablan de radios!

Llevaba más de un mes leyendo ese capítulo, sobre

todo debido a todas las palabras inglesas extrañas que no conocía y cuyo significado tuve que ir averiguando. Por fin, había llegado a la parte más interesante, donde explicaban el funcionamiento de esa clase de motores.

En un motor eléctrico sencillo, hay una bobina de alambre de cobre alrededor de un eje, situada dentro de una carcasa metálica que es en realidad un imán. Eso lo sabía debido a todos los radios que había desmontado y a todo el alambre de cobre que había desenrollado, sobre todo para hacerme juguetes. Cuando el alambre de cobre se conecta a una batería, o a cualquier otra fuente de alimentación, el flujo magnético generado por la carga eléctrica choca con el del imán que lo rodea, y esa colisión entre polos opuestos hace que el eje gire. Las aspas de un ventilador, por ejemplo, giran gracias a ese principio.

Debido a esa lucha entre campos magnéticos y al movimiento del eje, el motor produce un tipo de energía llamada corriente alterna (AC, en inglés). También existe otra clase de energía, denominada corriente continua (DC), pero esta se halla, sobre todo, en pilas y baterías.

La corriente continua fluye en una dirección, de un polo de la batería al otro, mientras que la corriente alterna cambia de dirección y tiene más aplicaciones, además de ser más fácil de transmitir. Debido a eso, la mayoría de los aparatos electrónicos usan corriente alterna. En el libro, se mostraba un ejemplo de motor generador de corriente alterna: el dinamo de una bicicleta.

—¡Ajá! —exclamé de nuevo, recordando la vez que Geoffrey y yo tratamos de encender un radio con aquel dinamo. Cuando conectamos los cables a los polos del compartimento de las pilas no pasó nada, porque utiliza corriente continua. Sin embargo, al meter los cables en la entrada marcada AC, el radio se encendió.

El libro también decía que "la energía cinética es generada por el ciclista".

"Claro", pensé. "Entonces, el movimiento giratorio genera electricidad, ya sea en un dinamo o en las turbinas de la central hidroeléctrica".

No se pueden imaginar lo excitante que fue averiguar aquello. A pesar de que, a veces, aquellas explicaciones resultaban confusas, yo me iba haciendo una imagen mental muy clara. Era como estar viendo un lenguaje completamente nuevo formado por símbolos: los de los tipos de corriente, los de positivo y negativo, los de las baterías, los de los conmutadores de un circuito y las flechas que marcaban la dirección en la que se desplazaba la corriente. De golpe, entendí todo de manera clara, como si lo hubiera sabido desde siempre.

Al cabo de un mes, más o menos, terminó el semestre escolar y Gilbert tuvo más tiempo para estar conmigo. Una mañana fuimos a la biblioteca, pero la señora Sikelo nos apuró.

—Ya sé que se pasan horas aquí adentro —dijo—, pero hoy tengo una cita, así que encuentren algo rápido.

El motivo por el cual solíamos tardar tanto en elegir un libro era porque estaban todos desordenados. No estaban ordenados por orden alfabético ni por tema, lo que implicaba ir título por título en busca de algo que nos interesara. Recordé entonces una palabra inglesa que había visto en algún otro libro.

—Gilbert, ¿qué significa la palabra *grapes*?*

—Mmm... —dijo—. Es la primera vez que la oigo. Vamos a buscarla en el diccionario.

Los diccionarios inglés-chichewa estaban en el estante inferior. Yo siempre usaba uno que la señora Sikelo tenía en su escritorio, pero teniendo en cuenta lo que nos había dicho, no me atreví a pedírselo.

Me agaché para agarrar otro y, entonces, vi un libro en el que no había reparado nunca y que estaba como escondido detrás de los demás.

"¿Y este?", me pregunté.

Al sacarlo, vi que se trataba de un libro de texto publicado en Estados Unidos titulado *Usos de la energía*. Ese libro me cambió la vida.

En la portada aparecía una larga fila de molinos de viento, si bien, por aquel entonces, yo no tenía la menor idea de qué era un molino de viento. Para mí, no eran

* "Uvas", en inglés.

más que unas torres altas de color blanco con tres aspas que giraban como las de un ventilador.

—Gilbert —dije, llamándolo—, ¿no se te parecen a los rehiletes que solíamos hacer tú, Geofrey y yo?

Cuando éramos un poco más pequeños, agarrábamos botellas de agua de plástico vacías, recortábamos los lados para darles forma de aspas, atravesábamos la tapa con un clavo y, por último, lo sujetábamos todo a un palo. Entonces, nos entreteníamos viendo cómo el viento movía las aspas.

—*Yah* —respondió—. Tienes razón. Pero estas cosas parecen gigantescas. ¿Para qué sirven?

—Vamos a averiguarlo.

"La energía está en todas partes", decía el libro, "pero, a veces, necesita ser reconvertida para poder darle uso. ¿Cómo puede hacerse? Para averiguarlo, sigue leyendo".

Y eso hice.

"Imagina que un ejército enemigo invade tu ciudad y que la derrota parece inevitable. Seguramente, no buscarías a un héroe salvador en la universidad más cercana. Sin embargo, cuenta la leyenda que no fue un general quien salvó a la ciudad griega de Siracusa cuando fue atacada por la flota romana en el año 214 a.C".

El libro procedía a explicar cómo Arquímedes había usado su rayo de la muerte (sirviéndose de varios espejos a la vez) para enfocar la luz solar en los barcos enemigos, haciendo que estos ardieran y se hundieran. He ahí un ejemplo de cómo usar el sol para generar energía.

Igual que el sol, el viento también puede usarse para producir energía.

"Los pueblos de Europa y de Oriente Medio usaban molinos de viento para bombear agua y moler grano", continuaba. "Los molinos de viento, agrupados en lo que se conoce como parque eólico, pueden generar tanta electricidad como una central eléctrica".

Todo tenía sentido. Me volví hacia Gilbert para ver si estaba leyendo lo mismo que yo.

—Si el viento mueve las aspas de un molino —dije—, y el dinamo funciona al pedalcar, ambas cosas podrían usarse a la vez.

Recordé entonces lo que el libro decía del dinamo: "La energía cinética es generada por el ciclista".

—¡El viento sería el ciclista, Gilbert!

Si conseguía que, de algún modo, las aspas de un molino hicieran rotar los imanes de un dinamo, podía generar electricidad. Y si le conectaba un cable al dinamo, podía alimentar cualquier cosa, como un bombillo.

Lo único que necesitaba para tener luz era un molino de viento, y ya no tendríamos que depender de esas humeantes lámparas de queroseno que nos irritaban la garganta y nos hacían toser. Con un molino de viento, podría quedarme leyendo hasta tarde y no tendría que meterme en la cama a las siete como el resto de Malaui.

No obstante, había algo todavía más importante: un molino de viento podía bombear agua.

Teniendo en cuenta que la mayor parte del país todavía padecía la hambruna, una bomba de agua podía hacer maravillas. En casa teníamos un pequeño pozo que mi madre usaba para lavar la ropa. El único modo de sacar agua de él era con un cubo y una cuerda. Pero con la ayuda de un molino de viento y una bomba de agua, podía irrigar los campos.

"Dios mío", pensé, "podríamos tener dos cosechas al año".

Mientras el resto de Malaui estuviera pasando hambre en diciembre y enero, nosotros podríamos estar recogiendo la segunda cosecha de maíz. Mi madre también podría tener un huerto permanente en el que cultivar papas, hojas de mostaza y soya, tanto para vender como para comer en casa.

Mi entusiasmo iba en aumento.

—¡Ya no tendríamos que saltarnos el desayuno, Gilbert! ¡Y podríamos pagar las cuotas escolares!

Con un molino de viento, podríamos, por fin, liberarnos del hambre y de la oscuridad. Un molino era la libertad.

—Voy a construir un molino de viento, Gilbert.

Yo nunca había tratado de crear nada parecido, pero si otras personas, en Europa o en Norteamérica, podían construirlos, yo podía hacer lo mismo en Malaui.

—¿Cuándo empezamos? —preguntó Gilbert, sonriente.

—Hoy mismo.

Ya podía imaginarme el molino, pero antes de acometer algo de esa envergadura, tenía que experimentar con un modelo más pequeño. Sin embargo, necesitaba los mismos materiales: aspas, eje, rotor, cable y algo como un dinamo o un motor pequeño para generar la electricidad.

Geoffrey y yo usábamos botellas de agua normales y corrientes para hacernos nuestros rehiletes, pero, en esta ocasión, necesitaba algo que fuera más resistente. De vuelta en casa, eché un vistazo por ahí y encontré justo lo que necesitaba: un recipiente vacío de crema hidratante que mis hermanas usaban para jugar al críquet. Era de plástico y tenía una tapa de rosca. Perfecto. Sin quitarle la tapa, corté la parte de abajo de la botella con una sierra, luego corté los lados y les di forma de aspa.

A continuación, hice un agujero en el centro de la tapa, le clavé una caña de bambú y luego encajé el palo en el suelo, detrás de la cocina. Me di cuenta de inmediato de que las aspas eran demasiado pequeñas para que el viento las hiciera girar. Tenían que ser más largas.

En el pueblo solíamos bañarnos en una especie de chozas pequeñas hechas de hierba seca que no tenían techo. Para evitar que se inundaran, instalábamos tuberías de plástico bajo el suelo. No hacía mucho que la de mi tía Chrissy se había derrumbado tras una tormenta, así que habían levantado otra justo al lado de la primera. La vieja seguía ahí y yo sabía que tenía que haber algo de tubería enterrada bajo los escombros. Después de veinte minutos cavando, la encontré. Aserré una de buena medida y luego la corté por la mitad, de arriba abajo.

Volví a la cocina de mi madre, avivé el fuego hasta que las brasas estuvieron bien calientes y sostuve la tubería encima de ellas. El plástico empezó a doblarse y a ennegrecerse, y no tardó en ablandarse, como si de una cáscara de plátano se tratara. Antes de que pudiera enfriarse y volver a endurecerse, lo puse en el suelo y lo aplasté sirviéndome de una plancha de metal. Entonces cogí la sierra e hice cuatro aspas de casi ocho pulgadas de longitud cada una.

Como de costumbre, no disponía de las herramientas adecuadas, así que tuve que improvisar. Necesitaba un taladro. Eché un vistazo por mi habitación; encontré un clavo lo bastante largo y regresé a la cocina.

Primero, clavé la punta en una mazorca de maíz para poder sostener el clavo sin quemarme y, luego, coloqué el clavo sobre las brasas. Una vez que estuvo candente, hice unos agujeros en las aspas. Lo siguiente fue usar un poco de cable para sujetarlas a la botella, pero como no tenía una tenaza para ajustarlo todo bien, me serví de dos radios de bicicleta.

Fue entonces cuando mi madre me sorprendió.

—¿Qué estás haciendo en la cocina? —preguntó. Si había algo que no le gustaba para nada era que desordenaran su cocina—. Llévate estos juguetes de aquí.

Traté de explicarle lo del molino de viento y mi plan para generar electricidad, pero ella solamente veía pedazos de plástico y una caña de bambú.

—Incluso los niños pequeños juegan con cosas más normales —dijo—. Vete al campo a ayudar a tu padre.

—Es que estoy construyendo algo.

—¿El qué?

—Algo que nos ayudará en el futuro.

—¡Ya te diré yo un par de cosas sobre el futuro! —exclamó, botándome de ahí.

De nada servía insistir. Lo que necesitaba a continuación era un dinamo o un motor y no tenía la menor idea de dónde encontrar ninguna de las dos cosas.

Por supuesto, sí sabía dónde comprarlas. En el mercado había un hombre llamado Daud que tenía un dinamo a la venta en su ferretería. Llevaba meses en la estantería, desde antes incluso de la hambruna, envuelta en plástico, tan reluciente y tan lejos de mi alcance... Decidí darme una vuelta por ahí y, efectivamente, ahí seguía. Daud sonrió al verme y yo traté de resultar lo más encantador posible.

—Buenos días, señor Daud —lo saludé.

—Buenos días.

—¿Cómo está su familia?

—Bien, bien; gracias por preguntar.

—Oiga, ¿cuánto cuesta ese dinamo de ahí?

—Quinientos.

Me incliné hacia delante y traté de poner mi mejor cara de pena.

—La verdad, señor Daud, es que no tengo tanto dinero.

Él se echó a reír.

—Eh, ya sabes cómo funciona esto. Ve a buscar el dinero y vuelve. Seguirá aquí. Y si no, puedo pedir que me traigan otra.

Yo podía conseguir esa suma haciendo algunos *gan-yu* aquí y allá. De hecho, había oído que había muchachos que ganaban hasta cien kuachas al día descargando camiones de mercancías en una tienda de comestibles. Si trabajaba una semana, a lo mejor podía reunir el dinero.

Al día siguiente, me dirigí a la tienda en cuestión y llegué de primero. "Seguro que me contratan", pensé. Esperé y esperé, y la mañana se hizo tarde. Hacía un calor abrasador y yo me había olvidado de llevar agua. Por fin, salió el encargado.

—¿Qué haces ahí de pie? —preguntó.

—Esperando los camiones.

—Vienen todos los días —contestó— menos los lunes.

Era lunes. Menuda suerte la mía.

Esa noche, en casa, se me ocurrió otra idea. Un dinamo de bicicleta era el motor eléctrico ideal para el molino de viento que pretendía construir, pero, para el modelo de prueba, podía arreglármelas con un generador mucho más pequeño, y sabía justamente dónde buscarlo.

Fui hasta casa de Geoffrey y me lo encontré en su habitación.

—Eh, *bambo*, ¿recuerdas dónde pusimos aquella radiocasetera marca International?

—*Yah*, está por aquí. ¿Por qué?

—Porque quiero usar el motor para generar electricidad.

—¿Electricidad?

—*Yah*, con un molino de viento.

Cada vez que Gilbert y yo íbamos a la biblioteca, Geoffrey decía que estaba demasiado ocupado trabajando en el campo. A decir verdad, tampoco parecía muy interesado en acompañarnos.

—Vamos a la biblioteca —le decíamos—. ¿Te apuntas?

—Vayan ustedes a perder el tiempo —contestaba.

Esa vez, sin embargo, cuando le hablé de mi idea de construir un molino de viento para generar electricidad, y después de mostrarle lo que había hecho hasta el momento, vio las cosas de otra manera.

—¡Genial! —dijo—. ¿De dónde has sacado la idea?

—De la biblioteca.

En cuanto Geoffrey encontró la radiocasetera, que estaba debajo de su cama, me puse manos a la obra. Mi destornillador, en ese caso, consistía en un radio de bicicleta que había aplastado contra una piedra. No era muy elegante, pero me permitió sacar los tornillos de la carcasa del aparato para poder acceder a su interior.

Después de halar y de hacer palanca, conseguí sacar la casetera y llegué hasta el motor, que era la mitad de largo que mi dedo índice y tenía la forma de una pila AAA. De la parte superior, como si de un tallo se tratara, salía una pequeña pieza de metal que tenía sujeta una ruedita de cobre que hacía girar los imanes del interior.

Cogí un poco de cable y conecté el motor al molino. Mi idea era que la tapa del recipiente de crema hiciera girar a su vez la rueda de cobre, como dos engranajes en movimiento, pero la tapa resbalaba contra la rueda, por lo que tenía que hacer algo para que hubiera un poco de fricción entre ambas piezas.

—Necesitamos un pedazo de goma —le dije a Geoffrey.

—*Yah*, pero, ¿de dónde lo sacamos?

—No lo sé.

—¿De un par de zapatos, tal vez?

—Muy buena idea.

Por desgracia, la goma de nuestras chancletas era demasiado blanda y poco duradera, y la verdad era que en Malaui todo el mundo llevaba el mismo calzado. Necesitábamos un tipo de goma más resistente, como la que se usaba para fabricar las sandalias que calzaban la mayoría de mujeres de Wimbe. Solamente había un problema: una empresa llamada Shore Rubber iba de pueblo en pueblo recogiendo calzado viejo para reciclarlo y ofrecían poco más de una libra de sal por cada par, por lo que, obviamente, casi todas las mujeres aceptaban el trato. Me pregunté entonces si todavía sería posible encontrar calzado de segunda mano en algún lado. De todos modos, había que intentarlo.

Geoffrey y yo nos pasamos el día revolviendo basura en Wimbe y en Masitala en busca de esa clase de sandalias. Por fin, después de meter las manos entre cáscaras de maní y plátano, y latas oxidadas, Geoffrey sacó una sandalia.

—*Tonga!*

La sandalia era de color negro, pero debía de llevar tanto tiempo entre la basura que se había vuelto de un tono grisáceo y estaba cubierta de una capa de suciedad. Además, apestaba a pellejo de chivo.

—¡Buen trabajo, colega! —dije.

Cogí mi cuchillo y corté un trozo de goma circular, lo bastante pequeño como para colocarlo encima de la rueda de cobre del motor a modo de tapa. Tardé más de una hora en hacerlo, pero cuando terminé, las dos piezas giraban perfectamente.

Lo siguiente era probar el motor para ver si generaba corriente.

Geoffrey hizo girar las aspas con la mano y yo me puse los dos cables en la punta de la lengua.

—¿Sientes algo? —preguntó.

—*Yah*, cosquillas.

—Entonces es que funciona.

A continuación había que encontrar algo que encender usando el molino. Nos decidimos por el radio favorito de Geoffrey, un viejo Panasonic que solía escuchar mientras trabajaba en el campo. A él le encantaba la música de Billy Kaunda, y yo me lo encontraba a menudo bailando en los maizales al son de la misma.

Sostuve el molino mientras Geoffrey sacaba las pilas del radio. Gracias a lo que yo había aprendido de los libros, supuse que, como el aparato funcionaba con pilas, el motor debía de generar corriente continua, lo cual quería decir que podíamos conectar los cables directamente a los terminales positivo y negativo. Geoffrey metió los cables y los ajustó.

—¿Y ahora? —preguntó.

—Hay que esperar a que el viento mueva las aspas.

Tan pronto como acabé de pronunciar la frase, sucedió justamente eso. Las aspas se pusieron en movimiento y la rueda empezó a girar. El radio emitió algunos ruidos y silbidos y, de repente, ¡oímos música!

Se trataba de mi grupo favorito, los Black Missionaries, que sonaban por Radio Dos.

Pegué tal salto que casi desconecto los cables.

—¿Oyes eso? —grité—. ¡Lo hemos logrado! ¡Funciona!

—¡Por fin! —dijo Geoffrey.

—¡Esto sí que son superpoderes!

El éxito de mi pequeño molino de viento me proporcionó la confianza suficiente para construir uno más grande y me puse a hacer una lista de los materiales que iba a necesitar.

Volvería a usar tuberías de plástico para las aspas, aunque tendrían que ser mucho mayores. Luego tendría que conseguir un buen disco de metal que hiciera las veces de rotor, además de un eje sobre el que girara todo.

Lo mejor que se me ocurrió fue usar el buje de una bicicleta, que es lo que le permite girar a la biela y, por ende, lo que hace que se mueva la cadena al pedalear. En este caso, yo reemplazaría los pedales por las aspas y, cuando la rueda trasera girara, el dinamo que yo pensaba enganchar generaría electricidad. En resumen, pensaba subir una bicicleta a lo alto de una torre para que el viento moviera las aspas. Era tan disparatado que me eché a reír.

De todos modos, seguía sin tener dinero para comprar materiales, así que, como mismo había hecho para construir el modelo de prueba, tendría que salir a buscarlos por ahí.

Me pasé el mes siguiente levantándome temprano y buscando piezas para mi molino como quien busca un tesoro. El mejor lugar que yo conocía para ello era una vieja plantación de tabaco que había al otro lado de la escuela Kachokolo. El estacionamiento y el depósito abandonados estaban repletos de restos de maquinaria, y de carros y tractores oxidados. Gilbert y yo solíamos ir a jugar allí, pero nunca le habíamos dado mucho uso a toda aquella chatarra.

Esta vez, sin embargo, volvería al lugar con una misión. Así, una mañana salí de casa rumbo a la plantación, atravesando colinas y ríos, y dándome cuenta de que el paisaje no había cambiado mucho desde el fin de las lluvias. La hierba había empezado a secarse, pero el maíz seguía estando alto y verde. No tardaríamos en cosechar y nuestros problemas se acabarían, al menos durante ese año.

Cuando llegué a la escuela, crucé hasta la plantación y me detuve a la entrada del depósito. Entonces, como si estuviera allí por primera vez, contemplé maravillado todos los tesoros que tenía ante mí: viejas bombas de agua, ruedas de tractor tan altas como yo, filtros, mangueras, tuberías, arados...

Varias carrocerías de autos, totalmente descoloridas, yacían bajo el sol junto a sendos tractores abandonados. No tenían llantas ni motores, tan solo cajas de cambio oxidadas. Los tableros estaban destrozados, pero los volantes, las palancas de cambios y los pedales seguían intactos. Estaba completamente solo, y se escuchaba únicamente el sonido de la hierba meciéndose al viento.

La primera tarde encontré un ventilador de grandes dimensiones proveniente del motor de un tractor y que sería perfecto para el rotor de mi molino. Podía atornillar las aspas de plástico directamente a las aspas metálicas del ventilador. Ese mismo día, hallé también un amortiguador gigantesco que golpeé una y otra vez contra un motor para romperle la carcasa. Dentro había un pistón bien largo que sería el eje ideal para el molino.

Necesitaba también alguna especie de rodamiento para conectar el amortiguador y el buje y reducir la fricción. Para dar con el tamaño adecuado, usé un trozo de cuerda como cinta métrica y fui inspeccionando todos los ejes con rodamientos que me fui encontrando. Tres días más tarde, hallé el apropiado en una vieja máquina para moler maní. Usé un viejo muelle helicoidal oxidado para golpear el rodamiento y sacarlo de su sitio, y descubrí que estaba en perfectas condiciones.

El único problema con el depósito de maquinaria era que estaba justo delante de la escuela Kachokolo, a la que no había podido ingresar y que en ese momento se encontraba vacía, puesto que los alumnos todavía tardarían unas pocas semanas en volver. Por un instante, me imaginé a mí mismo sentado tras mi pupitre.

—Prepárense —dije—. Kamkwamba estará de vuelta pronto.

10
HORA DE COSECHAR

El único motivo por el que albergaba esperanzas de poder volver a la escuela era que mi padre había conseguido cosechar algo de tabaco. Había guardado algunas semillas del año anterior y, llegado el mes de septiembre, yo las había germinado cerca del *dambo* y las había trasplantado en nuestro campo.

Por el motivo que fuera, las plantas habían logrado sobrevivir y habían crecido bastante sanas. Las hojas eran de color marrón claro con toques rojizos. Hacía ya unas cuantas semanas que Geoffrey y yo habíamos cosechado el tabaco y habíamos puesto las hojas a secar a la sombra de los techos de bambú.

En un año normal, una cosecha de esas características habría alcanzado un precio considerablemente alto en la subasta de Lilongwe. Sin embargo, debido a la hambruna, no podíamos estar seguros de nada. Además, mi padre había empezado a pedir dinero y maíz prestados a cambio del tabaco, lo cual significaba que, una vez que las hojas estuvieran secas, tendríamos que empezar a pagar nuestras deudas.

Al acercarse el primer día de escuela, empezó a haber indicios de que la cosa no iba mal. En primer lugar, mi padre no volvió a mencionar que yo iba a tener que quedarme en casa por no poder hacer frente a las cuotas escolares. Una tarde, de hecho, incluso me dio algunos kuachas para que fuera a comprarme un cuaderno y unos lápices. Mi madre, por su lado, compró un buen jabón Maluwa con el que pude, al fin, lavar las manchas amarillas de la camisa blanca de la escuela.

La víspera del gran día, planché el uniforme con mucho cuidado y lo dejé sobre una silla junto a mis útiles escolares, listos para la mañana siguiente. Estaba tan nervioso que me pasé buena parte de la noche en vela, imaginándome hasta el mínimo detalle de mi vuelta a las aulas: lo que tomaría para desayunar, el aspecto que tendría vestido con mi uniforme y el momento de encontrarme con Gilbert por el camino. Echaba muchísimo de menos a mis compañeros y asistir a clases.

Cuando vi salir a Gilbert de entre los árboles al día siguiente, corrí a saludarlo.

—Gilbert, *bo!*

—*Bo!*

—¿Listo?

—¡Listo!

—¿Seguro?

—¡Seguro! Bienvenido de nuevo, amigo mío. Me alegra tenerte de vuelta.

—Gracias, Gilbert. ¡Lo echaba de menos!

Era genial volver a estar con mis amigos y escuchar sus bromas. Vi muchas caras conocidas. Todos seguíamos estando delgados, cosa que no cambiaría hasta la cosecha. Pero nuestra salud, por lo menos, estaba mejorando.

Sin embargo, tal y como había temido, estaba muy atrasado en todas las asignaturas: Geografía, Agricultura, Matemáticas... Todas las que había repasado en la biblioteca. Mis compañeros estaban trabajando en gráficos, variables y nombres científicos de animales, y yo no sabía nada de todo aquello. Durante las dos primeras semanas, tuve que hacer un gran esfuerzo para ponerme al día, copiando todos los apuntes que pude. Había pasado mucho tiempo y me había perdido muchas cosas.

Diez días más tarde, el plazo para pagar las cuotas escolares estaba a punto de concluir y yo empecé a ponerme nervioso. Había algo que me daba mala espina. Mi padre estaba al tanto del pago de las cuotas, pero no había mencionado nada al respecto. Yo, temiendo lo peor, no me atrevía a sacar el tema. Lo más cerca que estuvimos de hablar de ello fue una tarde en el campo.

—Bueno, ¿cómo te va en la escuela? —preguntó.

—Bien... Estoy muy atrasado, pero creo que, con un poco de tiempo, conseguiré ponerme al día.

—De acuerdo —dijo él—. Tú sigue trabajando.

A pesar de sus palabras, yo no podía evitar tener una desagradable sensación en mi estómago, que seguía allí la mañana que el señor Phiri se dirigió a los alumnos antes de entrar a las aulas.

—El lunes concluye el plazo para pagar las cuotas de este semestre —anunció—. Aquellos alumnos que todavía no hayan pagado las del semestre anterior deben hacerlo sin más dilación.

"¿Cómo?", pensé. "Aunque el semestre anterior yo no hubiera asistido a clase, ¿seguía teniendo que pagar esas cuotas?". No me parecía justo. Sumadas, las cuotas de los dos semestres ascendían a dos mil kuachas. Teniendo en cuenta lo que había tenido que pasar mi familia, dos mil kuachas parecían una cantidad inasumible. Supe que mi destino estaba sellado.

A pesar de todo, en lugar de volver a casa y afrontar la cuestión directamente, traté de seguir yendo a la escuela sin pagar.

Para ello, tenía que calcular mis movimientos cuidadosamente. Los lunes y los viernes, el señor Phiri pasaba lista dentro de un aula. Leía en voz alta los nombres de los alumnos que habían pagado las cuotas y que podían irse a clase. Los que se quedaban sentados, o bien enseñaban el recibo, o tenían que volver a casa.

Como Geoffrey ya había sufrido aquella humillación dos años atrás, yo ya estaba preparado. Llegado el día en cuestión, fui a la escuela con Gilbert como de costumbre. Sin embargo, en cuanto los demás se metieron en el aula, yo me escondí en los baños, desde donde podía ver el patio a través de una pequeña ventana. En cuanto el señor Phiri terminó de pasar lista y dejó salir a los alumnos, volví a mezclarme con mis compañeros, pasando inadvertido.

Una vez en clase, me senté al fondo del aula, mantuve la cabeza agachada y no hice preguntas, por temor a que mi presencia despertara suspicacias. Mientras no abriera la boca, pensé, podría seguir escuchando y aprendiendo. Yo estaba seguro de que el señor Tembo se había dado cuenta de mi truco, sobre todo si recordaba que el semestre anterior me habían botado por no pagar las cuotas. En cualquier caso, no dijo nada al respecto.

Aquello resultaba tan estresante que todas las mañanas me despertaba con dolor de estómago. Gilbert me esperaba en la carretera y trataba de levantarme el ánimo.

—Buenos días, amigo mío. Me alegro de que no te des por vencido.

—*Yah* —dije—. Esperemos que hoy no me digan nada.

—Tú mantente callado y no pasará nada.

—Eso espero.

Por desgracia, al cabo de dos semanas, fui descubierto.

Una mañana, el señor Tembo leyó en voz alta los nombres de los deudores, y fue entonces cuando me cogieron. En cuanto oí mi apellido, me puse de pie y me dirigí hacia la puerta.

—Muchachos, ya pagué —dije, tratando de restarle importancia—. Pero dejé el recibo en casa. Voy a ir a buscarlo y regreso más tarde.

Una vez que salí de la escuela, me eché a llorar. Luego, fui para la casa y le conté a mi padre lo que había pasado.

—Suponía que acabaría pasando esto —dijo—, aunque no sabía cuándo.

No obstante, en lugar de pedirme que me resignara, mi padre fue a ver al señor Tembo para rogarle que me dejara quedarme. El tabaco estaría listo en pocas semanas y, después de pagar a sus acreedores, mi padre confiaba en que quedaría algo para vender y poder pagar así las cuotas escolares.

—No tardaré mucho en disponer del dinero —dijo—. Deje que se quede, por favor.

El señor Tembo habló con los demás profesores y

estuvieron de acuerdo en que yo pudiera seguir asistiendo a clase durante las siguientes tres semanas, el tiempo suficiente para que mi padre vendiera el tabaco.

Y esas tres semanas fueron fantásticas, como haberme ganado la lotería. No tuve que esconderme ni me volvió a doler la barriga debido a los nervios. Pude relajarme, aprender y participar en la clase, y cuando el profesor soltaba algún chiste, reírme a carcajadas.

Decir cosas como "¡Qué gracioso!" o "¡Eso no lo sabía!".

Mis compañeros me miraban de modo extraño.

—Hasta hace nada era el alumno tranquilo —dijo uno— y mírenlo ahora.

Al cabo de esas tres semanas, el tabaco por fin estaba seco y listo para la venta, y ya había adquirido un ligero color chocolate. Los acreedores no tardaron en pasar por casa a cobrar lo que les debíamos.

—Vengo a buscar mis ciento diez libras —dijo uno.

—¿Tiene ya las cuarenta y cuatro libras que acordamos? —preguntó otro.

Cuando el último de los prestamistas se fue, empujando una bicicleta cargada de nuestro tabaco, lo único que quedaba para nosotros eran ciento treinta y dos libras. Mi padre las cargó en una camioneta y manejó hasta la casa de subastas Auction Holdings Limited, que quedaba en Lilongwe, donde solamente consiguió vender ciento diez. Después de pagar el transporte y los impuestos del gobierno, mi padre volvió a casa con alrededor de dos mil kuachas en el bolsillo. Eso era suficiente para pagar mis cuotas escolares, pero entonces no quedaría nada para el resto de la familia: ni zapatos para mis hermanas, ni aceite de cocina, ni jabón, ni medicinas si alguien enfermaba.

Volvíamos a estar en la ruina. Mi padre trató de volver a negociar con el señor Tembo, pero el señor Phiri me prohibió regresar a la escuela. Dijo que su jefe, el ministro de Educación, estaba visitando escuelas para asegurarse de que los estudiantes pagaban las cuotas.

—Si nos descubren, podemos perder el trabajo —alegó el señor Tembo.

Yo estaba sentado en el patio cuando mi padre regresó con la noticia.

—Hice lo que pude —dijo—, pero la hambruna se lo llevó todo.

Incluso se arrodilló para pedirme disculpas.

—Entiéndeme, hijo. *Pepani, kwa mbiri.* Lo siento mucho. Tu padre lo intentó.

Me costó mucho mirarlo a los ojos.

—*Chabwino* —contesté—. Lo entiendo.

Con sus hijas, al menos, un padre malauí podía tener la esperanza de que se casaran con un hombre que pudiera alimentarlas, darles un hogar y ayudarlas a seguir estudiando. Con un hijo, sin embargo, era distinto. Para mi padre, mi educación lo era todo, y esa noche le dijo a mi madre que me había fallado. A mí, su único hijo.

—He decepcionado a toda la familia —dijo.

Yo no podía culpar a mi padre de la hambruna ni del resto de nuestros problemas, pero fui incapaz de mirarlo a la cara durante toda la semana siguiente porque veía en él un reflejo de mi vida futura.

Mi mayor temor se estaba haciendo realidad: acabaría siendo como él, otro pobre campesino malauí, sucio y delgado, con las manos tan ásperas como la madera y los pies descalzos. Mi vida estaría siempre controlada por la lluvia y el precio de las semillas y los fertilizantes; y nunca, por mí. Cultivaría maíz y, con un poco de suerte, quizá algo de tabaco. Los años en que la cosecha fuera buena, a lo mejor podría comprarme ropa nueva. La mayor parte del tiempo, por el contrario, apenas tendríamos lo justo para comer. Mi futuro ya estaba sellado y pensar en él me aterrorizaba. Me sentí asqueado. ¿Qué podía hacer al respecto? Nada, solamente aceptarlo.

En cualquier caso, no tenía tiempo para estarme compadeciendo. El maíz estaba a punto para la cosecha y mi padre necesitaba toda la ayuda que pudiéramos prestarle. A pesar del tiempo que llevaba esperando aquel momento, no podía evitar tener sentimientos contradictorios. Ahora que sabía que no podría seguir yendo a la escuela, las filas de maíz parecían los barrotes de una prisión. Era como si, al adentrarme entre ellas, una puerta invisible se cerrara detrás de mí.

Al mismo tiempo, sin embargo, no podía creer que, por fin, hubiera llegado el momento de cosechar.

A decir verdad, aquel era el momento más divertido del año, más incluso que la Navidad. Era hora de recoger los frutos del duro trabajo, de todas aquellas madrugadas haciendo camellones y sacando malas hierbas. Ese año, además, era especialmente significativo, pues todos teníamos en mente la hambruna y toda la gente que no había sobrevivido a ella. Yo, por mi parte, todavía pensaba mucho en Khamba y en la tristeza que su muerte me había provocado. En cierto modo, era como si Dios nos fuera a recompensar por todo nuestro sacrificio. El campo tenía un aspecto fantástico.

—Va a ser la mejor cosecha en años —dijo mi padre, contemplando el maizal junto a mi madre, con una sonrisa que no le había visto en meses.

—Lo logramos —dijo ella.

Durante las dos semanas siguientes, nos dedicamos a cosechar todo el día con mucha ilusión y por la noche descansábamos como leones, con el estómago lleno. Luego de recolectar todas las mazorcas y de llevárnoslas para la casa en un carro de bueyes, nos pasamos tres semanas gloriosas desgranándolas mientras escuchábamos el radio, cantábamos y hablábamos del tiempo. La vida había vuelto a la normalidad.

En el almacén, los sacos volvían a estar llenos de grano. Había tantos que llegaban hasta el techo y se salían por la puerta. La soya del jardín también estaba a punto, así que podríamos volver a disfrutar de comidas enteras. Poco a poco, fuimos recuperando todo el peso que habíamos perdido durante la hambruna.

—Ay, papá... —le dijo mi madre a mi padre una noche—. Estabas tan flaco...

Mi padre sonrió.

—Tú también, mamá. Pero veo que ya vamos teniéndote de vuelta con nosotros. Pero William, eh... Llegué a temer que se lo llevara el viento.

Afortunadamente, podíamos hablar de aquello riendo, porque solamente en los buenos tiempos puedes hablar con franqueza de los malos.

Una vez que concluyó la cosecha, pude volver al depósito de chatarra a buscar piezas para mi molino. Caminaba entre la hierba, de pronto, veía algo interesante, lo cogía del suelo y me preguntaba qué demonios sería, solo para echarle el ojo a algo mejor al cabo de un instante.

Un día encontré lo que parecía ser el diferencial de un vehículo cuatro por cuatro; o sea, lo que hace que las ruedas del carro se muevan a distinta velocidad cuando se toma una curva. Conseguí quitar la caja con mi destornillador y vi que el interior estaba lleno de grasa de motor. "Todas las máquinas necesitan grasa", pensé. Guardé toda la que pude sacar en una bolsa de plástico y me la guardé en el bolsillo.

Ese mismo día, hallé un puñado de pasadores de horquilla dentro de una tapa de llanta. También conseguí trozos de cable y otras cosas que, probablemente, no llegaría a usar, como pedales de freno, una palanca de cambios rota y el cigüeñal de un pequeño motor, pero decidí llevármelos de todos modos.

No tardé en darme cuenta de que había tenido una de las piezas más grandes e importantes que necesitaba el molino, una bicicleta, metida en casa desde el principio. La bici rota de mi padre había estado apoyada contra la pared de la sala de estar durante más de un año, acumulando polvo y ropa sucia que poníamos encima. No tenía manillar, le faltaba una rueda y el cuadro estaba tan oxidado como todo lo que había en el depósito de chatarra. Yo me había ofrecido a repararla muchas veces, pero mi padre siempre respondía lo mismo: "No hay dinero".

Un día, por fin, reuní el valor suficiente para preguntarle si podía usarla para mi molino. Me senté con él y le expliqué el proyecto detenidamente, que el cuadro era perfecto, lo bastante sólido para soportar fuertes rachas de viento. También le expliqué que el viento y las aspas funcionarían como pedales, harían girar la rueda y alimentarían el generador.

—¡Electricidad! —dije, extendiendo los brazos como un mago—. ¡Agua!

Mi padre negó con la cabeza.

—Por favor, hijo, no rompas mi bicicleta más de lo que ya está. Ya he perdido bastantes radios. Además, algún día podremos volver a usarla.

"Usarla, ¿para qué?", pensé. ¿Para recorrer cinco millas para comprar el queroseno de las lámparas que tanto nos hacían toser, cuando podíamos tener luz gratis? Me llevó una eternidad convencerlo de que me diera ese montón de chatarra... Debo haberle estado suplicando durante una hora.

—¡Tengo un plan! —insistí—. Déjame hacer el intento. Piénsalo bien; ¡tendríamos luz! ¡Podríamos bombear agua y tener otra cosecha! Nunca más volveríamos a pasar hambre.

Mi padre se lo pensó un rato y acabó aceptando.

—Vale, puede que tengas razón. Pero, por favor, no vayas a destrozarla.

Cogí la bicicleta y fui corriendo a mi habitación, donde la dejé junto al resto de los materiales. Entonces contemplé el cuarto y me di cuenta de que ya se estaba pareciendo al depósito de chatarra. Todas las piezas que compondrían el molino —la bicicleta, el ventilador del tractor, el amortiguador y los rodamientos— estaban dispuestas en fila, como si de un museo se tratara.

El resto del dormitorio, sin embargo, estaba totalmente cubierto de las otras piezas grasientas que llegaban hasta mi cama y se amontonaban detrás de la puerta. Olía todo a taller mecánico. "Nunca sabes qué vas a poder necesitar", me dije.

Por descontado, les prohibí a mis hermanas que entraran a limpiar. Estaba convencido de que no iban a apreciar el valor de la abrazadera de un silenciador o de una vieja bomba de agua. ¿Quién sabe lo que podrían botar a la basura?

—¡Mamá nos dijo que teníamos que limpiar! —gritaban, al otro lado de la puerta.

—Yo les aviso cuando puedan entrar —contesté—. Ahora estoy ocupado.

Cuando no estaba en el depósito de chatarra, pasaba el rato en la biblioteca o me tiraba en mi hamaca a leer. A esas alturas, mi padre se sentía tan mal por no poder pagarme la escuela que ya ni siquiera me obligaba a trabajar en el campo, lo que ponía celosas a mis hermanas.

—¿Por qué William puede quedarse en casa y nosotras no? —le preguntó Doris a mi padre un día—. ¿Es porque él es varón y nosotras somos niñas? ¡Si él se queda, nosotras también!

—William está trabajando en un proyecto —contestó mi padre—. Y si realmente está perdiendo el tiempo, acabaré por darme cuenta. Ustedes preocúpense de sus propios asuntos.

Ahora que contaba con la bendición de mi padre, me pasaba mañana y tarde planeando el molino. Leía sin parar los capítulos dedicados a la electricidad en *Física razonada*, y aprendí cómo se transmite y se comporta, y cómo puede dominarse. Leí secciones dedicadas al cableado del hogar, a los circuitos paralelos comparados con los circuitos en serie y más cosas sobre la corriente alterna y la corriente continua. No dejaba de pedir prestados los mismos tres libros, una y otra vez, hasta que un día la señora Sikelo sospechó algo.

—¿Sigues preparándote para los exámenes, William? ¿En qué andas metido? —me preguntó.

—Estoy construyendo algo —respondí—. Ya lo verá.

A medida que pasaba el tiempo, dejé de pensar en la escuela y lo único que me preocupaba era ir al depósito de chatarra, un entorno donde aprendía algo nuevo cada día. Descubría objetos extraños, de origen extranjero, y trataba de imaginar el uso que tenían. Uno de ellos parecía un viejo compresor, aunque bien podría haberse tratado de una mina. También encontré compresores de verdad, que agitaba para oír las piezas que tenían dentro, y luego los abría para investigar el contenido. Mi imaginación estaba trabajando constantemente. A veces, fingía que era un mecánico profesional y me deslizaba debajo de los vehículos oxidados, entre la hierba crecida. Entonces, me imaginaba que hablaba con el cliente.

—¡Póngalo en marcha! A ver cómo suena... ¡Dele al acelerador, no tenga miedo! ¡Ya, pare, pare! ¡No tanto!

Si el motor no sonaba bien del todo, se lo decía sin reparos.

—Me parece que va a tener que cambiar el motor. Lo sé, lo sé... Es caro, pero así es la vida.

Luego, les pegaba cuatro gritos a mis otros mecánicos que, como de costumbre, se pasaban el tiempo holgazaneando.

—¡Phiri, hoy vas a dedicarte a cambiar el aceite!

—¡Sí, jefe!

Uno de ellos se acercaba mientras negaba con la cabeza. Otra vez problemas.

—Señor Kamkwamba... No podemos reparar este carro, jefe. Lo hemos intentado todo, pero sigue haciendo ruido. ¿Qué le parece?

—Ponlo en marcha. Mmm... Sí... Ajá. Es la bomba de inyección.

—¡Muchas gracias, señor!

—No hay de qué.

Otras veces me montaba en los tractores, apretaba el acelerador con el pie y fingía manejarlos.

—¡Apártense de mi camino, que Kamkwamba tiene que trabajar!

En mi imaginación, iba arando los campos mientras pensaba en los viejos tiempos, cuando me pasaba las horas bajo el sol, azadón en mano. Cada vez que me subía a uno de esos tractores, deseaba que realmente se pusiera en marcha para así poder llevarme a casa todo lo que había en el depósito de chatarra.

Sin embargo, no importa cuánto me estuviera divirtiendo, mi buen humor no duraba demasiado. Al otro lado de la calle, los muchachos que estudiaban en Kachokolo me veían aporreando y trasegando la chatarra. Si no tenía cuidado, podían agarrarme hablando conmigo mismo. De vez en cuando, mientras recogía las piezas, los muchachos que estaban en el patio me dejaban en evidencia.

—¡Miren, ahí está William, revolviendo la basura de nuevo!

La primera vez que eso sucedió, me acerqué a ellos y traté de explicarles lo del molino, pero se rieron de mí. Incluso los días que trataba de que no me vieran, alguien me divisaba desde alguna ventana y gritaba:

—¡Ahí va el loco ese a fumar *chamba*!

Chamba es marihuana.

Por suerte, tenía algunos partidarios, aunque Geoffrey había sido contratado por nuestro tío Musaiwale para trabajar en el molino de maíz de Chipumba, y eso quería decir que Gilbert era la única persona con la que podía contar. Al final, decidí que cada vez que alguien se burlara de mí, yo me limitaría a sonreír y no decir nada.

Por supuesto, los alumnos de Kachokolo les contaban a sus padres que había un lunático que se dedicaba a recoger basura en el depósito de chatarra, y el rumor no tardó en llegar a oídos de mi madre. A partir de entonces, cada vez que llegaba a casa con piezas mecánicas, ella me miraba y sacudía la cabeza. Un día, preocupada, irrumpió en mi habitación.

—¿Qué pasa contigo? —dijo—. Tus amigos no se comportan como tú. ¿Has visto cómo tienes esto? Parece el cuarto de un loco. Solo a un loco se le ocurre recoger basura.

Esa noche, mi madre le comunicó su preocupación a mi padre.

—¿Cómo va a encontrar una esposa comportándose así? ¿Cómo va a poder sacar una familia adelante?

—Deja al muchacho en paz —dijo él—. Esperemos a ver qué carta tiene guardada en la manga.

A lo largo de las siguientes semanas, los tesoros fueron revelándose ante mí como piezas de un rompecabezas mágico. Cuando me di cuenta de que necesitaba más plástico, Gilbert me dejó desenterrar la tubería de desagüe que había bajo el suelo de su caseta de baño. Ni siquiera se molestó en pedirle permiso a su padre, al que no le hizo ninguna gracia enterarse de ello a la mañana siguiente.

Una vez que lavé y sequé la tubería, la corté a lo largo por la mitad con mi sierra de arco, la calenté sobre el fuego hasta que empezó a fundirse y la aplasté, para luego cortar cuatro aspas de cuatro pies de largo cada una.

Deseaba pasar al siguiente paso y conectar las aspas al ventilador del tractor, pero no tenía ni tuercas ni tornillos. Me pasé las dos semanas siguientes en el depósito de chatarra, inspeccionando cada máquina y pieza metálica que había, pero la llave inglesa de la que disponía era demasiado grande para la mayoría de las tuercas que encontraba. Para colmo, casi todas estaban tan oxidadas que no había modo de desenroscarlas.

Una tarde, le conté a Gilbert lo patético de la situación y él se ofreció a ayudarme inmediatamente. Esa misma tarde, cogió cincuenta kuachas del dinero que su padre le daba de vez en cuando por trabajar en el campo, fue a la tienda del señor Daud y compró una bolsa llena de tuercas y tornillos del tamaño justo para mi molino. No pude estarle más agradecido.

De todos modos, seguía teniendo un problema: tenía que soldar las piezas metálicas para asegurarme de que aguantarían. En casa no había máquina de soldar y tampoco tenía dinero para pagarle a alguien, así que volví a estar atascado.

Entonces, un día, la suerte me sonrió. Estaba en el mercado, jugando al *bawo* con amigos, cuando apareció un hombre manejando una volqueta. Venía de Kasungu y necesitaba que algunos muchachos lo ayudaran a cargar madera.

—¡Pago doscientos kuachas! —dijo.

—¡Yo mismo! ¡Aquí! —exclamé, corriendo hacia él y agitando los brazos.

El hombre me hizo señas de que subiera a la parte de atrás del camión, junto con otros diez muchachos. Me pasé toda la tarde cargando troncos bajo el sol, cansado, sudado, pero con una enorme sonrisa en el rostro.

Con esos doscientos kuachas podría pagarle a un soldador que completara la primera fase del trabajo: conectar el eje del amortiguador al eje del pedalier de la bicicleta. De ese modo, podría hacer girar el plato y la cadena, y mover la rueda. También iba a necesitar que el hombre hiciera algunos agujeros en las aspas del ventilador para poder atornillarlas a las más grandes de plástico.

La tienda del señor Godsten estaba en el mercado, bajo un techo de paja. Su máquina de soldar era eléctrica, anticuada y hecha de madera, y el cable para conectarla estaba compuesto de varios trozos que había acoplado. Cuando soldaba, la gente solía juntarse a su alrededor, yo incluido. Los hombres opinaban acerca del proyecto que estaba llevando a cabo mientras los niños saltaban entre la lluvia de chispas.

A pesar de que tenía el dinero para pagarle, Godsten soltó una carcajada cuando vio las piezas del futuro molino.

—¿Quieres que suelde un amortiguador roto a una bicicleta con una sola rueda? —preguntó, con tono socarrón.

—Miren, es el loco ese que recoge basura —dijeron otros, acercándose—. Hemos oído hablar de ti.

—No es más que un haragán que juega con chatarra y se niega a trabajar. Está *misala*.

Misala quiere decir "loco". Aquello me enfureció; estaba harto de oír todas aquellas mentiras.

—Eso es —dije—. Soy un vago y estoy *misala*, pero tengo un plan y sé perfectamente lo que estoy haciendo. Pronto lo comprobarán.

Me volteé hacia Godsten y lo miré fijamente a los ojos.

—Y, contestando a su pregunta, señor —dije—, ha oído usted bien. Quiero que suelde el amortiguador a la bicicleta. Y asegúrese de que no queda torcido.

Cuando Godsten terminó, le pagué y me llevé la bicicleta a casa. De vuelta en mi habitación, me eché a reír. Realmente, parecía la obra de un loco. El amortiguador salía del plato como una especie de extraño brazo robótico. Al lado, las aspas, apoyadas contra la pared, se asemejaban a unas alas de insecto gigantes y la superficie de las mismas, llena de burbujas, parecía un malvavisco quemado. El ventilador del tractor, por su parte, parecía una de esas estrellas que los ninja lanzan en las películas, que cortan la oscuridad y dejan tras de sí un trazo de luz.

No veía el momento de ensamblarlo todo.

Una vez más, sin embargo, me faltaba algo. Algo muy importante. Necesitaba un generador, pero, ¿dónde diablos iba a encontrar algo tan caro? Sí, podía esperar y tratar de conseguir quinientos kuachas para comprar el dinamo en la tienda del señor Daud, pero eso podía tardar una eternidad. El dueño de la tienda de comestibles había contratado a un equipo de trabajadores permanentes para descargar los camiones y los trabajos cargando madera solo surgían de vez en cuando.

Así que decidí volver al depósito de chatarra.

Me pasé las tres semanas siguientes buscando entre la hierba. Parecía un perro sabueso, levantando cada pieza de metal con la esperanza de dar con un generador que hubiera pasado por alto; o, al menos, un alternador. Creía haber visto varios por ahí. Lo cierto era que yo no era el único que se dedicaba a buscar esa clase de cosas. Algunos muchachos que solían andar por el mercado, más jóvenes que yo, también habían descubierto la importancia de los motores eléctricos. No obstante, en lugar de usarlos para proyectos científicos, les arrancaban los cables que contenían para fabricarse camiones de juguete.

Un día, cuando entré en el depósito, los descubrí.

—¡Oigan! —grité, y ellos salieron corriendo.

Tal vez habían oído historias acerca del loco de la chatarra y temieron por sus vidas. Sea como fuere, cuando llegué a donde ellos estaban, me encontré con un motor desguazado yaciendo entre la hierba como uno de esos elefantes a los que matan para quitarles los colmillos.

Empecé a temer que mi molino jamás se construiría. Para colmo, a lo largo del mes siguiente, fue como si todos y cada uno de los dinamos de Malaui se hubieran confabulado para perseguirme. Cada vez que veía una bicicleta, esta tenía uno, y la mayor parte de las veces estaba roto, y ni siquiera estaba conectado al faro. "Dios, ¡qué desperdicio!", pensaba. "¡Dénmelos a mí y déjenme enseñarles lo que puedo hacer con ellos!". Algunos funcionaban perfectamente y generaban gruesos haces de luz que iluminaban las carreteras por la noche. Sin embargo, nunca reuní el coraje suficiente para pedirles a sus dueños que me los dieran. ¿Qué iba a decirles?

Seguí despertándome todas las mañanas entre la chatarra que se iba acumulando en mi habitación y luego me iba a ayudar a mi padre en el campo. De noche, las piezas del molino resultaban más fáciles de contemplar, puesto que, en la oscuridad, el resto desaparecía.

Un viernes de julio, Gilbert y yo volvíamos a casa del mercado, y yo me sentía algo mustio.

—¿Cómo va el molino? —preguntó él.

Ya tengo todas las partes, pero me falta un generador —respondí—. Si lo tuviera, podría construirlo mañana mismo. Tengo miedo de no poder construirlo nunca.

—Vaya, lo siento mucho.

Justo entonces, vimos pasar a un niño que empujaba su bicicleta. No lo conocía, pero debía de tener nuestra edad. Me fijé en la rueda trasera y reparé en aquella forma familiar.

—Mira, otro dinamo —dije.

En esa ocasión, sin embargo, hice acopio de valor. Corrí hasta el niño y le pedí que me dejara ver su bicicleta. Me agaché, hice girar uno de los pedales y, entonces, el faro, que era una vieja luz de un carro, se encendió.

Gilbert se volvió hacia él.

—¿Cuánto por el dinamo? —preguntó.

—No, Gilbert —intervine—. No tengo dinero.

—¿Cuánto? —repitió él.

Al principio, el niño se negó, pero acabó aceptando. Teniendo en cuenta los tiempos que corrían, nadie dejaba escapar la oportunidad de conseguir algo de dinero.

—Doscientos kuachas —dijo—, faro incluido.

—Todavía tengo algo del dinero que me dio mi padre —me explicó Gilbert—. ¡Vamos a gastarlo en el dinamo y terminemos el molino!

Se metió la mano en el bolsillo y sacó dos billetes rojos. Por fin, después de trastear un poco, tuve el dinamo y el bombillo en mis manos.

—*Zikomo kwa mbiri*, Gilbert —dije—. Muchísimas gracias. Eres el mejor amigo que haya tenido nunca.

Gilbert se fue a su casa y yo corrí a mi habitación y dejé el dinamo junto al resto de los materiales. Ya tenía la pieza que me faltaba. Inmediatamente, una potente ráfaga de viento abrió la puerta de mi dormitorio como un ciclón y fue como si las piezas del molino se ensamblaran delante de mí y las aspas se pusieran a girar velozmente entre una nube de polvo rojo. Aunque, tal vez, todo fue fruto de mi imaginación.

11
EL MOLINO COBRA VIDA

A la tarde siguiente, empecé a construir la máquina. Saqué la bicicleta, el ventilador, las aspas, las tuercas, los tornillos y el dinamo afuera, y lo dispuse todo en la tierra. Escogí una zona detrás de la cocina que iba a servirme de laboratorio. La acacia que había allí daba sombra de sobra y protegía del sol de la mañana. También había llegado a la conclusión de que se trataba del lugar ideal para aprovechar los vientos del este que soplaban desde el lago y sobre las colinas.

Lo primero que quería hacer era conectar las aspas al ventilador, para lo que necesitaba un taladro, así que fui a la cocina, coloqué el clavo que tenía sujeto a la mazorca en el fuego y, cuando estuvo bien rojo, perforé un patrón cuadrado de cuatro agujeros en la parte superior de cada aspa y dos más en el centro. Aquel proceso de calentar, derretir y volver a calentar duró casi tres horas.

Lo siguiente fue vaciar en el suelo la bolsa de tuercas y tornillos que Gilbert había comprado y ponerme a ajustar la primera de las aspas. Fue entonces cuando caí en la cuenta de que me había olvidado de las arandelas.

—¡Ah! —exclamé, frustrado.

Sin duda, iba a necesitarlas para ajustar bien los tornillos, así que me pasé una hora recogiendo tapones en el exterior del Ofesi Boozing Centre. Cuando tuve unos veinte, volví rápidamente a casa, los aplasté y usé un clavo para abrirles un agujero en el medio. Perfecto.

Uno a uno, pasé los tornillos por los tapones y ajusté las tuercas, hasta que las cuatro aspas estuvieron conectadas. Por último, quise asegurarme de que las aspas eran lo bastante fuertes como para no partirse con el viento, así que les coloqué unos refuerzos de bambú a cada una para que hicieran las veces de huesos.

—De acuerdo —dije—. Vamos a ver.

Retrocedí un poco para contemplar el trabajo. De punta a punta, la envergadura de las aspas superaba los ocho pies, y no pude evitar reírme debido al entusiasmo.

Fue entonces cuando advertí que no había nadie cerca. Mis hermanas estaban haciendo recados y mi padre estaba asistiendo a un funeral en un pueblo cercano. Aparte del ruido de mis herramientas, el único sonido que se oía era el de las cancioncillas que tarareaba mi madre, que se encontraba en la cocina, preparando un potaje de frijoles para la cena. Por fin podía trabajar en paz y concentrarme totalmente en mi obra.

A continuación, tenía que averiguar cómo conectar todo a la bicicleta, cosa que no iba a ser fácil. Empecé colocando las aspas sobre cuatro ladrillos grandes, igual que solían hacer los mecánicos cuando ponían los carros encima de bloques para poder tener espacio para trabajar desde abajo. Ahora empezaba lo complicado. La bicicleta no solo era pesada, sino aparatosa, especialmente con un amortiguador gigantesco saliendo del plato. A pesar de todo, logré levantarla lo suficiente como para voltearla y hacer pasar el eje del amortiguador por el centro del ventilador. Rápidamente, me agaché entre los ladrillos y coloqué un pasador por el otro lado para asegurarlo.

Por último, acoplé el dinamo al cuadro de la bicicleta, de modo que la ruedita quedara contra el costado de la llanta. Coloqué la cadena, bien engrasada, en el plato y me aseguré de que todo estuviera en su sitio.

Cuando terminé con la cadena, el sol ya se estaba poniendo tras los árboles y no tardaría en estar demasiado oscuro para trabajar. Dejé las herramientas en mi dormitorio y puse el molino contra la pared de la cocina, de modo que no molestara. Fui al pozo, saqué un cubo de agua y la calenté para bañarme. Después de asearme, entré a la casa para cenar. Mi hermana Rose, que ya había vuelto de sus recados, me vio cruzar el patio.

—William, no te hemos visto en todo el día —dijo—. En el mercado preguntaron por ti.

—Es que hoy tu hermano ha estado muy ocupado —dije.

—Le expliqué a la gente que estabas ocupado con tu chatarra, tratando de generar electricidad.

—Algo así —dije, sonriendo—. Tú espera, que pronto tú y los demás se van a llevar tremenda sorpresa.

Esa noche cené como un verdadero obrero, sin decir palabra, salvo por algunos gruñidos. Cuando terminé, regresé a mi dormitorio, me acosté en la cama y me quedé dormido en cuestión de segundos.

A la mañana siguiente, me desperté al alba dispuesto a seguir con mi trabajo.

Mi plan consistía en levantar una torre de madera, en lo alto de la cual pondría el molino de viento, aunque primero tenía que ver si este realmente funcionaba. Para ese propósito, necesitaba algo provisional sobre lo que pudiera colocar el molino, así que busqué un tallo de bambú bien ancho, de más de seis pulgadas, hice un agujero a través de la parte de arriba y clavé el otro extremo en la tierra.

Terminé justo cuando Geoffrey regresaba de Chipumba montado en su bicicleta. Era su día libre y había decidido venir a visitarme.

—Eh, hombre... Justo a tiempo —lo recibí.

—¿Es el mismo proyecto en el que estabas trabajando?

—*Yah*, esto es. Me alegro de que hayas venido, amigo. Ayúdame a levantar esto.

Bloqueamos la rueda y la cadena de la bicicleta para evitar que giraran y, con mucho cuidado, pusimos la máquina sobre el poste. Como me había quedado sin soga, una vez que estuvimos seguros de que se sostenía, Geoffrey la ató usando tiras de una cámara de bicicleta.

—¿Le damos? —preguntó.

—Vamos.

Geoffrey desbloqueó la rueda para que las aspas pudieran girar, pero no habíamos pensado en lo rápido que eso iba a suceder. En Malaui, el viento no deja de soplar, así que, en cuestión de segundos, las aspas estaban girando a tal velocidad que la cadena se partió en dos y el poste casi se cae al suelo.

—¡Aguántalo! —grité.

Entre los dos conseguimos sostener el molino antes de que se estrellara contra el suelo y se rompiera. Entonces, moví el poste y aparté las aspas de la dirección en que soplaba el viento. Luego me pasé dos horas arreglando la cadena.

El motivo principal del ensayo era ver si el dinamo

generaba corriente suficiente. Ya sabía que podía alimentar el faro de una bicicleta, pero nada más. Fui a la habitación de mi padre y cogí su radio International, cosa que yo tenía prohibida debido a mi historial con el resto de los aparatos electrónicos de la casa. Cuando estuve de regreso, Geoffrey me miró con suspicacia.

—¿Sabe tu padre que vas a usar su radio? —preguntó.

—Ahora está en el mercado —alegué, quitándole importancia al asunto—. No se dará cuenta.

Metí los dos cables del dinamo en la entrada AC del radio y Geoffrey desbloqueó las aspas. Estas empezaron a girar y la ruedita del dinamo hizo lo propio contra la llanta. Durante un instante, oí música. ¡Funcionaba! Un segundo después, sin embargo, empezó a salir humo de los altavoces.

—¡Oh, no! —exclamó Geoffrey, halando los cables.

El radio chisporroteaba como un huevo friéndose.

Geoffrey miró a su alrededor en busca de mi padre, pero yo estaba demasiado entusiasmado para preocuparme.

—¿Has visto qué energía? —grité, saltando como un loco—. ¿La has visto?

El radio había explotado porque el dinamo generaba demasiados voltios. El voltaje, como me habían enseñado los libros, es la medida de la presión eléctrica. Piensen en ello como la presión del agua que sale de una manguera. El dinamo producía doce voltios cuando alguien pedaleaba de manera normal, lo cual era suficiente para un radio o un bombillo. Sin embargo, cuando el viento hizo que las aspas giraran a toda velocidad, se produjo una sobrecarga de energía que aumentó demasiado el voltaje y quemó el radio de mi padre. Iba a tener que averiguar cómo reducirlo.

Cogí *Física razonada* y fui hasta una página donde se mostraba un diagrama en el que salían dos bombillos alimentados por un motor de corriente alterna de doce voltios, igual que el dinamo. Ambos bombillos estaban conectados con largos cables. Uno de ellos brillaba con fuerza gracias a algo llamado transformador, que aumentaba el voltaje. El segundo bombillo, sin embargo, no estaba conectado a ningún transformador, y su brillo era tenue y amarillento. Era debido a que, sin el transformador, por el camino a través de los cables se perdía energía en forma de calor, algo llamado disipación.

—Señor Geoffrey —dije—, como se pierde algo de energía cuando esta viaja por cables demasiado largos, se me ocurre que podríamos probarlo con el dinamo.

Busqué entre la enorme pila de partes de radios y encontré un viejo motor. Lo abrí, le saqué el interior y desenrollé el alambre de cobre; luego lo volví a enrollar alrededor de un palo, creando así una especie de transformador a la inversa. Conecté un extremo del alambre al dinamo y el otro al radio de mi padre, que, afortunadamente, había sobrevivido a la sobrecarga de corriente. Como se mostraba en el libro, pretendía que la corriente tuviera que viajar más, con la esperanza de que parte del voltaje se viera reducido por el camino.

—Bueno, vamos a probar de nuevo —le dije a Geoffrey, que desbloqueó las aspas. Esta vez, cuando la rueda y el dinamo empezaron a moverse, solo se oyó música. Prueba superada.

El molino permaneció sobre el poste de bambú durante dos días, oculto detrás de casa, fuera de la vista de los demás. Mientras tanto, Geoffrey, Gilbert y yo empezamos con la construcción de la torre definitiva sobre la que se alzaría la máquina. Nos reunimos una mañana delante de mi casa, provistos de nuestros machetes panga, y nos adentramos en el bosque de eucaliptos.

Se trataba del mismo bosque en el que yo había buscado refugio de la maldición del chicle y donde Shabani había practicado su magia conmigo, solo para que me dieran una paliza un rato más tarde en Dowa. En esta ocasión, sin embargo, me encontraba ahí para terminar mi proyecto científico.

Caminamos por el bosque observando detenidamente cada árbol hasta que dimos con uno que debía de medir unos dieciocho pies de altura. Nos pusimos a talarlo con los machetes y, diez minutos más tarde, el tronco cedió. Luego de podar las ramas, arrancamos la corteza con las manos. A las tres de la tarde, ya habíamos derribado y limpiado dos árboles más, y los llevábamos sobre los hombros de camino a casa.

En el terreno que había detrás de la cocina, clavamos los tres postes en el suelo, cada uno a la misma distancia del otro, y los envolvimos con bolsas de plástico para evitar que fueran pasto de las termitas.

A continuación, cogimos ramas más pequeñas y las clavamos entre los postes, como peldaños de una escalera, usando unos clavos que Geoffrey había comprado con el dinero que había ganado en los molinos de maíz. Cuando empezaba a anochecer, la torre ya estaba construida. Tenía quince pies de altura y parecía particularmente sólida. Sin embargo, desde tan solo unos pies de distancia, su altura y sus patas flacas le conferían la apariencia de una jirafa temblorosa.

—Vayan a descansar, caballeros —dije—. Mañana subiremos el molino.

Esa noche apenas pude pegar un ojo y salté de la cama antes incluso de que cantara el gallo. Cuando rodeé la cocina, me encontré con Gilbert y Geoffrey, que ya se encontraban junto a la torre.

—Buenos días, dormilón —dijo Geoffrey.

¡Cómo me alegraba de verlos!

El molino pesaba como noventa libras, y el único modo de subirlo a lo alto de la torre era usando una soga y una polea. Como no tenía ninguna soga, tuve que coger el cable en el que mi madre tendía la ropa. Até un extremo a una especie de asa hecha de bambú que había unido al molino y luego me encaramé a la torre con el otro extremo del cable en la mano, que pasé por el último travesaño y se lo tiré de vuelta a Gilbert. Desde donde me encontraba, podía ver por encima de los árboles y divisaba los campos y bosques que precedían a las colinas.

—De acuerdo, Gilbert —exclamé—. Levántalo.

Poco a poco, Gilbert empezó a halar el cable y el molino fue elevándose.

—¡Con cuidado!

Geoffrey se encontraba debajo de mí, apoyado en un escalón inferior, para guiar la máquina a medida que iba subiendo. Los tres nos pusimos a halar con todas nuestras fuerzas.

—¡Vamos, muchachos! —grité—. ¡Que se noten esos músculos!

—Estoy halando lo más fuerte que puedo —dijo Gilbert, con todo el cuerpo en tensión.

—¡Que no se te escape, Geoffrey!

Cada vez que halábamos el cable, el molino se balanceaba y las aspas golpeaban contra la madera de la torre. En un par de ocasiones, se atascaron entre los peldaños y Geoffrey tuvo que zafarlas. Poco a poco, fuimos subiendo la máquina torre arriba.

Al cabo de media hora, ya casi lo teníamos en la cima. Cuando tuve el molino al alcance de la mano, cogí el asa con fuerza.

—¡Amárralo! —le grité a Gilbert.

Gilbert pasó el cable por la base de la torre y el molino se quedó quieto. Entonces, Geoffrey subió hasta arriba y me ayudó a fijar la máquina.

El día anterior habíamos hecho dos agujeros en los postes de madera. Como el clavo que yo solía calentar como herramienta no era lo bastante grande, tuve que usar unos tornillos más gruesos, un proceso que nos llevó horas. También le habíamos pedido al señor Godsten que taladrara otros dos orificios en la barra de la bicicleta con su soplete.

Geoffrey, encaramado ya en lo alto de la torre, se sacó los tornillos y las tuercas del bolsillo mientras yo sostenía el cuadro y trataba de alinear los agujeros con la bicicleta escurriéndoseme de las manos.

—¡Date prisa, que esto pesa! —exclamé.

Geoffrey metió los tornillos y los ajustó con la llave inglesa. Una vez que todo estuvo acoplado, nos miramos unos a otros y sonreímos. La máquina parecía muy sólida.

Mientras Geoffrey bajaba de la torre, yo me quedé arriba para contemplar el paisaje. Al norte, se veían los techos metálicos del mercado y las filas de cabañas marrones que había detrás. Entonces reparé en algo extraño: una hilera de gente que venía en nuestra dirección. Aquellas personas debían de haber visto la torre desde la distancia y habían sentido curiosidad.

—Tenemos visita —anuncié.

En cuestión de minutos, una docena de hombres se había reunido en la base de la torre y levantaba la vista hacia el molino. Reconocí entre ellos algunos tenderos y comerciantes.

—¿Qué es esta cosa? —preguntó uno de ellos, que se llamaba Kalino.

Puesto que no hay en chichewa una palabra para molino, usé la frase *magesti a mphepo*, "viento eléctrico".

—¿Qué hace?

—Genera electricidad a través del viento.

—Eso es imposible —dijo Kalino, riéndose. Entonces se volteó hacia los demás esperando que lo imitaran—. Parece una torre de radio. Además, ¿qué clase de juguete estúpido es eso de ahí arriba?

—Ahora lo verán —dije.

Bajé de la torre y fui corriendo a mi dormitorio en busca de la pieza que faltaba. Esa mañana había encontrado una caña bastante gruesa y había cortado un pedazo de unas diez pulgadas de largo. Luego, había envuelto la base del bombillo de la luz delantera de un carro con bastante alambre de cobre y lo había encajado en la caña, fabricando una especie de lámpara.

Con eso en la mano, subí de nuevo a la torre y conecté los cables a los del dinamo mientras iba llegando más gente.

—¿Qué se supone que hace ahora? —preguntó un granjero llamado Banda.

—Este es el *misala* del depósito de chatarra del que hablan mis hijos —contestó otro hombre—. ¡Cómo debe estar su pobre madre!

Advertí que, atrás de la multitud, se encontraban mi padre, mi madre y mis hermanas, que tenían los ojos abiertos de par en par y la boca ligeramente abierta, igual que los aficionados al fútbol cuando están pendientes del radio. En aquella ocasión, sin embargo, era yo el que tenía la pelota y faltaban escasos segundos para que terminara el partido. Estaba tan nervioso que me temblaban las manos, pero confiaba en mí mismo. Llevaba meses preparándome para ese momento.

—Veamos hasta dónde llega su locura —oí vocear a alguien.

El viento soplaba de manera sostenida a través de la torre, mezclando el olor a grasa de cadena con el de plástico fundido. A pesar de que la rueda de la bicicleta todavía estaba bloqueada, el molino chirriaba debido a la brisa, como suplicándome que lo dejara funcionar. Crucé la mirada con Gilbert y con Geoffrey y asentí.

"Allá vamos", pensé.

Desbloqueé la rueda y las aspas empezaron a girar.

La cadena se tensó contra el plato y, poco a poco, la rueda comenzó a dar vueltas. Todo sucedía como en cámara lenta.

—Vamos —dije—. No me dejes en ridículo justo ahora.

En ese preciso momento, una fuerte ráfaga de viento me empujó hacia atrás. La torre tembló con tanta fuerza que tuve que sujetarme de uno de los travesaños. A solo unas pulgadas por encima de mi cabeza, las aspas comenzaron a girar como la hélice de un avión. Miré el bombillo y esperé a que tuviera lugar el milagro.

Entonces, sucedió: primero un parpadeo, luego un destello y, por fin, un magnífico estallido de luz. Creí que iba a explotarme el corazón.

—¡Miren! —exclamó alguien—. ¡Ha creado luz!

—¡Decía la verdad!

Un grupo de niños se abrió camino entre la multitud.

—¡Miren cómo gira!

—¡Déjenme ver!

Yo alcé los brazos al cielo y grité de alegría, para luego echarme a reír de tal modo que acabé aturdido. Sostuve la lámpara con orgullo y me dirigí a los incrédulos.

—¡Viento eléctrico! —exclamé—. ¡Les dije que no estaba loco!

Uno a uno, los presentes se pusieron a dar vítores y a levantar los brazos.

—*Wachitabwina!* —gritaron—. ¡Bien hecho!

—¡Lo conseguiste, William!

—¡Eso es! —dije—. Y esto es solo el principio. Ya verán.

La gente empezó a hacer preguntas y luego se arremolinó en torno a Gilbert y a Geoffrey, ansiosa de conocer todos los detalles. Aquellos dos no dejaban de sonreír. Yo me quedé en la torre unos instantes, escuchando el sonido de las aspas y disfrutando de la escena. Cuando el bombillo empezó a quemarme, bajé.

El cable que estaba usando no era lo bastante largo para utilizarlo en otro lugar que no fuera el molino, así que, al caer la tarde, lo sujeté al último travesaño y lo dejé ahí. Todavía estaba tan excitado por lo que había sucedido antes que decidí ir al mercado a quemar parte de la energía que me quedaba y a deleitarme con la sensación de gloria. Cuando llegué allí, volví la vista hacia el valle y divisé la luz, que titilaba entre el vapor que emergía del suelo.

—¿Qué será aquello? —preguntó un hombre que se encontraba cerca de mí y que cargaba un saco de tomates—. Se mueve como las aspas de un helicóptero.

La que le había vendido los tomates era Maggie, una amiga de mi madre.

—El propietario está justo aquí —le informó ella—. ¿Por qué no se lo pregunta a él?

—¿De veras? —dijo él—. ¿Cómo funciona?

Le expliqué lo mismo que a los demás.

—Sigo sin entenderlo. Eso tengo que verlo.

Durante el mes siguiente, unas treinta personas vinieron cada día a ver la luz.

—¿Cómo conseguiste semejante cosa? —preguntaban todas.

—Con mucho trabajo y mucha investigación —contestaba yo, tratando de no parecer demasiado presumido.

Muchas de esas personas eran hombres de negocios de otros distritos que viajaban de un lado a otro. Para ellos, el molino se había convertido en una especie de atracción en el camino cuando pasaban por Wimbe. Otros venían de pueblos cercanos, con gallinas o maíz atados a sus bicicletas. Mujeres que cargaban sacos de harina sobre la cabeza se detenían a hablar con mi madre.

—Dios te ha bendecido —le dijo una—. Tienes un hijo que hace maravillas. Ya no tendrás que volver a quejarte por el queroseno nunca más.

Los hombres, por el contrario, se dirigían a mi padre.

—¿Tu hijo fue el que hizo esto?

—Sí.

—¿De dónde sacó la idea?

—De los libros.

—¿Se lo enseñaron en la escuela?

—No, lo aprendió él solo.

Ese mes ayudé a la familia a limpiar los campos y a prepararlos para la siembra henchido de alegría. De vez en cuando, si tenía el molino a la vista, dejaba el azadón unos instantes y me deleitaba con la visión de sus aspas girando.

Una noche, cuando estaba jugando al *bawo* con Geoffrey y Gilbert junto a la peluquería, hubo un apagón y todo quedó a oscuras. Mientras todo el mundo se dedicaba a maldecir, yo me escabullí a casa, conecté la luz del molino y volví corriendo.

—¡Odio estos apagones! —se quejó un hombre, saliendo de la peluquería con el cabello cortado a medias.

—¿Qué apagones? —dije yo, sonriendo—. ¿Es que no han visto mi casa?

El señor Iponga, el peluquero, se asomó por la puerta de su local con la máquina de cortar el pelo en la mano.

—Me parece que te aprovechas de estos apagones para alardear de tu viento eléctrico, William —dijo.

—A lo mejor.

Al mes siguiente, empecé a trabajar para poder tener luz en casa usando el molino. Para ello necesitaba montones y montones de cable eléctrico, pero, como de costumbre, no tenía dinero para comprarlo. Entonces, una tarde que Gilbert y yo nos encontrábamos en casa de Charity, advertí que había varios pies del tipo de cable que yo necesitaba y que estaban usándolo para tender la ropa. De hecho, había un rollo entero en un rincón de la habitación donde estábamos.

—Eh, hombre —le dije a Charity—, ¿cómo puedes tener todo ese cable ahí tirado cuando a mí me vendría tan bien?

Alguien se lo había dado en forma de pago por un *ganyu*, me informó.

—Pero como eres mi primo, te lo dejo barato —dijo.

Me había puesto de pie para ir al mercado a buscar trabajo cuando Gilbert sacó cien kuachas y se los dio a Charity. De repente tenía noventa y ocho pies de cable eléctrico.

—Te prometo que te los voy a devolver, Gilbert —dije.

—No te preocupes. Tú pon luz en tu casa.

Una vez más, cuando parecía que ya no había esperanza, Gilbert acudía al rescate.

Regresé a toda prisa a casa, cargando con el rollo de cable, que pesaba considerablemente. Mientras iba bajando por el camino, de vuelta al valle, veía el molino en la distancia, dando vueltas. Cada vez que lo hacía, el corazón me daba un vuelco.

Desenrollé lo suficiente como para poder medir la distancia que había del molino a mi habitación y entonces lo corté con mi cuchillo. A continuación, cogí una punta del cable y trepé hasta lo alto de la torre.

Un molino de viento en funcionamiento es un entorno de trabajo peligroso. Las aspas giraban con tanta velocidad que, si no tenía cuidado, podía acabar con un nuevo corte de pelo. Además, el dinamo generaba una corriente considerable.

Al descolgar el bombillo y conectar el nuevo cable, tuve mucho cuidado de no cruzar los dos conductores de cobre para no electrocutarme. Como medida de seguridad extra, envolví el lugar donde se juntaban con una bolsa de plástico, que hacía las veces de aislante.

El techo de mi dormitorio estaba hecho de bultos de paja envueltos en plástico, los cuales descansaban sobre varias vigas de madera. Me subí a una escalera y pasé el cable dos veces alrededor de la viga que había en medio, que era la que quedaba más cerca de mi cama. Luego hice un agujero en la paja, pasé el cable por él y lo bajé a la habitación.

Una vez dentro, hice las últimas conexiones y me saqué el bombillo del bolsillo. "Puede que no tenga un interruptor", pensé, acordándome de Gilbert, "pero esto se le parece bastante". Conecté el bombillo al portalámparas de caña y, un instante después, se hizo la luz. Cerré rápidamente la puerta y contemplé aquel prodigio. Por primera vez en mi vida tenía mi propio espacio iluminado.

Más tarde, después de la cena, me tumbé en la cama y me quedé contemplando el bombillo, que titilaba al ritmo de las aspas del molino, pero que era lo bastante brillante como para permitirme leer los numerosos libros que había sacado de la biblioteca.

De repente, oí un golpe en la puerta y mi familia completa entró en la habitación.

—Miren, ahí tienen a William, que ya puede quedarse despierto de noche —dijo mi padre.

—Felicidades —dijo mi madre—. A nosotros también nos gustaría tener luz en nuestras habitaciones. ¿Crees que será posible?

—Mientras no les importe que sea un loco quien les provea la electricidad...

Mi madre rio.

—Eh, al final nos demostraste que nos equivocábamos. Pero tengo que reconocer que me tenías preocupada.

—¿Qué pasa si deja de soplar el viento? —preguntó entonces mi hermana Rose. Una buena pregunta.

—Que dejará de haber luz —contesté—. Por eso quiero conseguir algunas baterías.

En concreto, alguna batería de carro que me permitiera almacenar energía y seguir teniendo electricidad cuando el viento no soplara. Además, una batería de carro bastaba para darle luz a toda la casa. Cuando consiguiera una, mi familia podría, al fin, deshacerse de todas las lámparas de queroseno y vivir como la gente moderna.

Y la luz era solo el principio. El siguiente molino de viento bombearía agua para nuestros campos, con lo que podríamos tener más cosechas. Ya no volveríamos a pasar hambre.

Esa primera noche con luz, me quedé despierto durante horas leyendo *Física razonada*, preparándome para el siguiente paso mientras los demás dormían, las termitas devoraban el techo y nubes de polvo rojo se colaban por debajo de la puerta. Como de costumbre, el viento seguía soplando con fuerza.

12
MÁS GRANDE
Y MÁS BRILLANTE

Como le había explicado a Rose, sin viento no había luz, y las noches en las que no soplaba, no teníamos más remedio que encender las lámparas de queroseno. El único modo de cambiar esa situación era encontrar una batería de carro. Mientras tanto, encontré otros usos para el molino, como cargar teléfonos celulares.

Descubrí el modo de hacerlo cuando mi prima Ruth vino de visita desde Muzuzu. Ruth, que estaba casada y tenía un buen trabajo, era la hija mayor de mi tío Sócrates. Tenía un celular y siempre me insistía hasta el aburrimiento para que fuera al mercado a cargárselo.

Había varios tipos que se forraban cargando los celulares de la gente que no tenía electricidad en su casa. Compartían el negocio con comerciantes que les dejaban usar su instalación eléctrica y llevar cables hasta el borde de la carretera, donde montaban un puestecito. También vendían tarjetas telefónicas y algunos de ellos, incluso, tenían celulares que la gente podía usar para llamar a cambio de un módico precio. Más adelante descubrí que esa clase de puestos estaban por toda África. En ciudades grandes, como Nairobi, Lilongwe o Kinshasa había quien, incluso, tenía fotocopiadoras, computadoras e impresoras, con los que la gente podía prepararse sus historiales laborales en plena calle. Obviamente, los frecuentes apagones que tenían lugar en esas ciudades no eran nada buenos para el negocio.

En cualquier caso, un día estaba yo quejándome por tener que ir al mercado a cargar el celular de Ruth cuando ella me sugirió algo.

—¿Por qué no lo cargas con el molino? Al fin y al cabo, genera electricidad, ¿no?

Eso era algo que yo ya había considerado, pero el dinamo no generaba voltaje suficiente para cargar un celular. Sus doce voltios eran suficientes para alimentar bombillos o cosas pequeñas, pero un teléfono necesitaba doscientos veinte.

Si recuerdan, cuando conecté el radio de mi padre al molino, descubrí que la corriente se ve disminuida cuando el recorrido que tiene que hacer es demasiado largo. Para poder cargar un teléfono, necesitaba algo que aumentara el voltaje: un transformador elevador.

Las compañías eléctricas de todo el mundo, sobre todo de Europa y América, "elevan" la corriente constantemente. Como en el trayecto desde la central eléctrica hasta tu casa se pierde algo de corriente, la compañía instala transformadores por el camino para impulsarla. Es como darle una taza de café bien cargado.

Un transformador elevador consta de dos bobinas, la primaria y la secundaria, que se sitúan a cada lado del núcleo. Alternando el flujo de corriente hacia delante y hacia atrás, se consigue que la bobina primaria induzca una carga en la secundaria. Este proceso de denomina "inducción mutua" y permite que el voltaje de una bobina salte a la otra, lo que resulta en que el voltaje total se vea incrementado. Aprendí todo eso gracias a *Física razonada,* leyendo el capítulo titulado "Inducción mutua y transformadores", en el que se mostraba la imagen de un hombre canoso y con una corbata de moño en el cuello de la camisa. Se trataba de Michael Faraday, que había inventado el primer transformador en 1831. "Un aplauso para él", pensé.

Siguiendo los diagramas, estaba convencido de poder fabricar mi propio transformador elevador. Lo primero que hice fue pedir prestado un alicate y cortar una plancha de metal en forma de E. El diagrama indicaba cómo convertir veinticuatro voltios en doscientos veinte, y explicaba que el voltaje aumenta con cada vuelta de los filamentos de cobre a la bobina. La bobina primaria requiere doscientas vueltas, mientras que la secundaria necesita dos mil. Junto al diagrama figuraban un montón de ecuaciones matemáticas, pero no les presté atención. Me limité a enrollar alambre de cobre como un loco con la esperanza de que funcionara.

A continuación, conecté los cables del dinamo a la bobina primaria mientras que la secundaria la conecté directamente a un cargador de celular. Ruth observaba el proceso con una ceja enarcada.

—No lo quemes —dijo.

—Sé lo que hago —mentí.

En cuanto conecté el cargador al teléfono, la pantalla se iluminó y las rayitas del indicador de carga empezaron a moverse arriba y abajo. ¡Funcionaba!

—¿Lo ves? Te lo dije.

Para facilitar las cosas, fabriqué un enchufe usando la toma de corriente alterna de un viejo radio y luego lo fijé a la pared. Tan pronto como la noticia de mi invento llegó al mercado, la cola de gente que vino a casa a que le cargara el teléfono llegó hasta la carretera.

Muchas de las personas que venían fingían no creer que mi invento fuera a funcionar, probablemente con la esperanza de que no les cobrara.

—¿Estás seguro de que tu viento eléctrico puede cargarme el teléfono? —decían.

—Totalmente.

—Demuéstramelo.

—¿Lo ves? Se está cargando.

—Dios mío, tienes razón. Déjalo un poco más, que todavía no acabo de creérmelo.

Después de dos meses de usar ese método, por fin pasé al siguiente nivel. Un día, en casa de Charity, vi que había una batería de carro en un rincón.

—La encontré ayer en la carretera —dijo—. Ya me la pagarás.

Por lo que había leído, las baterías de carro usaban corriente continua, así que, si pretendía cargarla con el dinamo, que generaba corriente alterna, tenía que hallar el modo de convertirla. El libro hablaba de diodos, también llamados rectificadores, que se encuentran en muchos radios y otros aparatos electrónicos y que cumplen esa función.

La clase de diodo que yo necesitaba tenía el aspecto de una diminuta pila de tipo D pasada a través de una larga varilla metálica. Me recordaba esos pinchos de carne que vendían a la orilla de la carretera. Después de estudiar la imagen con detenimiento, encontré uno de esos diodos en el interior de un viejo radio de seis voltios que Geoffrey tenía en su habitación. Improvisé un soldador con un trozo de cable previamente calentado, y procedí a fundir el diodo con el cable entre el molino y la batería de carro.

"Kamkwamba", pensé, "¡eres un muchacho espabilado!".

Sin embargo, aquello me creó un nuevo problema: el enchufe donde conectaba el cargador del celular solamente funcionaba con corriente alterna. Estuve varios días dándole vueltas a ese asunto y buscando una solución en los libros, hasta que mi prima Ruth me lo resolvió del modo más fácil, dándome un cargador de celular para carro, que usa corriente continua. Tras hacerles algunas modificaciones a los cables, ya tenía enchufe nuevo.

Resuelto ese tema, me centré en llevar luz a otros rincones de la casa. Ahora que disponía de una batería de carro, podía instalar tres luces más, pero no podían ser los típicos bombillos de filamento incandescente, porque esos funcionaban con corriente alterna, así que tuve que buscar alternativas.

Fui a la tienda del señor Daud y encontré tres bombillos de carro: uno de la luz de freno y dos delanteros. El bombillo alimentado por el dinamo, que funcionaba tanto con corriente alterna como con corriente continua, se quedó en mi dormitorio. Instalé los demás encima de la puerta de mi habitación, en la habitación de mis padres y en la sala de estar. Cuando la batería estaba totalmente cargada, las luces podían funcionar tres días sin necesidad de recurrir al molino.

Los bombillos estaban conectados directamente a la

batería y operaban en un circuito paralelo. Gracias a *Física razonada*, aprendí que existían dos clases de circuitos: en paralelo y en serie.

En un circuito en serie, un solo cable conecta cada bombillo a la batería o la fuente de alimentación que sea, siguiendo un solo camino. Para completar el circuito, todos los bombillos tienen que estar encendidos, por lo que, si uno se quema, los demás no funcionarán. Algunas luces para árboles de Navidad, por ejemplo, solían funcionar de ese modo.

"Cuando varios bombillos tienen que ser alimentados por una sola batería, como en el caso de un carro", explicaba el libro, "lo habitual es conectarlos en paralelo".

El libro mostraba el ejemplo de los hogares del Reino Unido, cuya instalación eléctrica era de esa manera. Cada bombillo está conectado con cables separados y dispone de su propio circuito. Si uno se quema, el resto seguirá funcionando. A continuación, decía que "los bombillos dispuestos en paralelo pueden tener interruptores independientes".

En la página siguiente, figuraba un diagrama que ilustraba el diseño básico de un interruptor. Parecía bastante sencillo, así que me hice uno usando radios de rueda de bicicleta y tiras de metal. Para accionar el interruptor, necesitaba un material no conductor al que pudiera darle forma, así que usé mi cuchillo para hacer varios

233

botones redondos a partir de la goma de unas chancletas viejas y luego los monté dentro de unas pequeñas cajitas que había hecho con plástico de tubería fundido.

Seguí los pasos que había visto en los libros, conectando un cable entre la fuente de alimentación y el bombillo, y un interruptor para completar, o romper, el circuito. Era sencillo: cuando pulsaba el botón de goma, el radio de bicicleta y la placa de metal dejaban pasar la corriente y la luz se encendía.

—Por fin —dije—. ¡Ya puedo tocar la pared y que se haga la luz!

Una noche, poco después de poner luz en toda la casa, entré a la sala de estar y me encontré a toda la familia. Mi madre estaba ocupada tejiendo un bonito tapete de color naranja mientras mi padre y mis hermanas escuchaban un noticiero en Radio Uno. Se me ocurrió ponerme a imitar a los locutores, hablando con voz grave y seria.

—Me encuentro en la sala de estar del muy honorable señor Kamkwamba. Esta habitación solía estar a oscuras a estas horas, ¿no es cierto? Ahora, sin embargo, tiene usted electricidad, como la gente de la ciudad.

—Y algo todavía mejor —dijo mi padre, sonriendo.

—¿Se refiere tal vez a que no sufre apagones y no le debe nada a la compañía eléctrica?

—Sí —contestó mi padre—, y también a que todo es obra de mi propio hijo.

Contar con luz eléctrica en casa era una mejora considerable, pero tampoco estaba exenta de problemas. La batería y los cables no eran precisamente de la mejor calidad, y lo cierto era que daban bastante miedo.

Había usado todo el cable bueno que Charity me había dado, así que lo único que me quedaba eran pequeños trozos que había encontrado en el depósito de chatarra y en los cubos de basura.

Algunos de esos trozos de cable realmente no eran los más adecuados para conducir electricidad, pero no me quedó más remedio que usarlos. Los junté todos hasta tener algo parecido a esas cuerdas que se hacen los fugitivos atando sábanas. Tampoco estaban aislados con plástico, así que cada vez que conectaba la batería saltaban chispas. La instalación pasaba por las paredes y el techo, que estaban hechos de madera y de hierba, y había tenido mucho cuidado de no cruzar los cables entre sí para no provocar un incendio.

Por si eso fuera poco, las termitas se estaban dando un festín con las vigas del techo. Cada noche, me iba a dormir escuchando los sonidos que hacían sus diminutas mandíbulas y, a la mañana siguiente, me encontraba con pequeños montones de aserrín en el suelo. El voraz apetito de aquellos insectos había acabado por hacer huecos en las vigas, que empezaban a acusar el peso del techo. No pasó mucho tiempo antes de que aquello casi provocara un desastre.

Una tarde, volviendo de casa de Geoffrey después de una fuerte tormenta, vi que la viga había acabado partiéndose, probablemente debido al viento.

El techo se había hundido justo en el medio, y el suelo de mi habitación estaba cubierto de paja y mugre. Para colmo, la viga había liberado cientos de termitas que corrían por el suelo y por mi cama.

Traté de barrerlas, pero había demasiadas. Daba la casualidad de que mi padre había comprado algunas gallinas y vi algunas pasando por delante de la puerta de mi habitación.

—Entren, bonitas —las llamé—. ¡Tengo algo para ustedes!

Les tiré algunas termitas para atraerlas y, una vez que se dieron cuenta del banquete que les esperaba dentro, se volvieron locas. En cuestión de unos instantes, el suelo y la cama estaban cubiertos de pollos que cacareaban y devoraban insectos sin parar.

Con tanto jaleo, no reparé en el olor a quemado. En cuanto las gallinas se marcharon, inspeccioné la viga rota y me di cuenta de que, al caer, los cables se habían cruzado. Afortunadamente, eran tan delgados y de tan mala calidad que simplemente se derritieron y se partieron en dos. Di gracias a Dios de que no hubiera que lamentar ninguna desgracia.

Más tarde, Geoffrey vino a ayudarme a limpiar aquel estropicio.

—Suerte que no tengo dinero para comprar cables de buena calidad. Si hubiera usado algo mejor, podría haber quemado la casa.

—Ya te había advertido sobre el techo —me recordó.

—Tienes razón, y no te hice caso.

Necesitaba un sistema de cableado decente, así que, como siempre, acudí a *Física razonada* para encontrar ideas. En la página doscientos setenta y uno hallé un buen modelo. Un diagrama mostraba un sistema doméstico de un hogar de Inglaterra que estaba conectado en paralelo como el mío. Cuando los cables salían de la fuente de alimentación, pasaban por una caja de fusibles, cuya función consistía en cortar el circuito si este se sobrecargaba. Era justo lo que yo necesitaba.

Los fusibles contenían diminutos filamentos metálicos que se fundían en caso de sobrecarga, pero ni disponía de ellos ni los quería, ya que había que cambiarlos cada vez que se quemaban. El libro seguía describiendo un dispositivo similar, denominado cortacircuitos, que usaba interruptores que podían volver a activarse. No había diagrama de aquello, pero el concepto no parecía muy distinto del de una campana eléctrica, algo que yo había estudiado detalladamente.

Las campanas eléctricas están por todas partes, en escuelas y pasos a nivel, en alarmas contra incendios y, en otras épocas, en los teléfonos. El concepto es asombrosamente sencillo y por eso me gustaba tanto.

El funcionamiento es el siguiente: una bobina es magnetizada y atrae una especie de martillo que golpea una campana. Eso es todo. No obstante, mientras tiene lugar el movimiento del martillo hacia la campana, este también activa un interruptor que corta el circuito. Eso sucede unas doce veces por segundo, lo que hace que la campana suene repetidamente.

Empecé haciendo una caja usando el plástico de una tubería, luego envolví las cabezas de dos clavos con alambre de cobre para crear dos bobinas electromagnéticas y las monté dentro de la caja, separadas entre sí por unas cinco pulgadas. Entre las dos, conecté un pequeño imán (que había sacado del altavoz de un radio) a un trozo de radio de bicicleta de modo que se moviera hacia delante y hacia atrás entre las bobinas.

A continuación, saqué el muelle de un bolígrafo, lo estiré y lo coloqué entre el imán y el clavo de manera que quedara ligeramente apoyado en el cable que iba a la batería. Resumiendo, el muelle completaba el circuito y hacía las veces de una especie de trampa.

Cuando se encendía la luz, la corriente fluía desde la batería hasta el circuito, magnetizando las dos bobinas, una de las cuales estaba algo más cerca del imán. Teniendo en cuenta que la polaridad se determina por la dirección en la que fluye la corriente, envolví los clavos con alambre de cobre de modo que el más cercano al imán empujara y el otro halara. Eso hacía que el imán se balanceara en el centro sin saber qué hacer.

En caso de una sobrecarga, ese equilibrio se rompería, haciendo que la bobina más próxima al imán fuera la primera en recibir la sobrecarga y empujara al imán con fuerza contra la otra bobina, soltando el muelle y rompiendo el circuito.

Como pueden imaginar, construir eso no resultó fácil. Estuve horas tratando de posicionar correctamente la bobina y el imán, e intentando determinar el mejor lugar para poner el cable de enlace. Cuando terminé, clavé la caja a la pared, justo encima de la batería. A partir de entonces, todas las noches me sentaba en la cama y me quedaba mirando la caja, esperando que funcionara.

Mi deseo se vio cumplido dos semanas más tarde, cuando un tornado golpeó mi casa.

Me había pasado todo el día en el mercado y, cuando regresé a casa, encontré pedazos del techo de mi habitación desperdigados por el patio. Mi madre salió de la cocina y le pregunté qué había ocurrido.

—Vino un tornado desde el campo. Tuvimos que guarecernos en casa.

Entré a mi dormitorio y vi que el techo se había derrumbado y había llenado el suelo de escombros. También me di cuenta de que el cortacircuitos había saltado y que el imán del medio estaba pegado a una de las bobinas. Traté de ponerlo de vuelta en el medio, pero seguía moviéndose hacia la bobina. Desconecté la batería, seguí los cables hasta el techo y descubrí que se habían enredado. Después de separarlos, los volví a conectar y el imán regresó al centro. Una vez más, había estado a punto de provocar un incendio.

No obstante, mi caja cortacircuitos me tenía entusiasmado.

—¿Se da cuenta de lo que significa esto, señor Geoffrey? De no ser por esta cajita, ahora mismo mi casa estaría envuelta en llamas. Podría haberlo perdido todo: la ropa, los libros... Todo.

—Tu caja cortacircuitos es fabulosa —coincidió él—, pero creo que lo mejor que puedes hacer ahora es arreglar el techo.

Cualquier invento nuevo puede generar problemas. Aparte de lo precario del cableado, uno de mis mayores dolores de cabeza era la cadena de la bicicleta. Cada vez que el viento soplaba con demasiada fuerza, la cadena se rompía o se salía del plato, lo cual me obligaba a subirme a la torre para repararla. Eso implicaba tener que detener las aspas, algo que siempre resultaba complicado.

Una mañana, estaba todavía profundamente dormido cuando me despertó un ruido tremendo. La cadena se había vuelto a romper. Oí que el viento sacudía con fuerza el árbol y la torre del molino, y me di cuenta, por el ruido del eje, que las aspas estaban girando tan rápido que, si no hacía algo enseguida, podían soltarse y salir volando como dagas.

Salí, subí los primeros escalones y, como de costumbre, tiré las chancletas para poder tener mejor agarre. Sin embargo, el viento era tan furioso y violento, y zarandeaba la torre con tanta fuerza, que pensé que acabaría cayéndome. Levanté la vista y vi que la cadena bailaba, salida del plato, mientras las aspas giraban sin control. Cuando alcancé la cima, pasé ambas piernas por los peldaños para sujetarme. Pero mientras trataba de mantener el equilibrio, no me percaté de que el cuadro de la bicicleta venía hacia mí. Antes de que pudiera reaccionar, las aspas me golpearon una mano y el impacto casi me hace caer de la torre. Bajé la vista hacia mi mano y vi la sangre. Había perdido la piel de tres nudillos.

—¡Te creé yo! —grité—. ¿Por qué quieres acabar conmigo? Déjame ayudarte.

Saqué del bolsillo una tira de cámara de bicicleta que había traído por si tenía que reparar algo. Me la enrollé alrededor de la mano a modo de protección, contuve el aliento y traté de detener el eje, pero los dientes del plato cortaron la goma como si nada.

—¡Basta!

Cuando se detuvo completamente, metí un radio de bicicleta doblado en la rueda para evitar que el molino girara y volví a colocar la cadena. Días más tarde, cuando volvió a pasar lo mismo, no tuve tanta suerte. Los dientes del plato atravesaron la tira de goma y me desgarraron la carne. Y lo mismo ocurrió poco después. Al final, me quedaron las manos llenas de cicatrices.

Mientras tanto, Geoffrey seguía trabajando con el tío Musaiwale en el molino de maíz de Chipumba. Lo habían contratado para fregar el suelo y hacer recados. Sin embargo, cuando llegaba al trabajo, nuestro tío desaparecía y lo dejaba a cargo del molino. Era un trabajo duro y nada agradecido. Una vez al mes, Geoffrey venía a casa y se quejaba de su nueva vida de obrero.

—Me obliga a subir cinco colinas en bici en busca de combustible diésel —dijo Geoffrey—. Y, a la vuelta, la ropa se me empapa de combustible. Te lo juro, no sabes cómo los echo de menos.

Además de eso, también nos explicó que allí usaban poleas y correas de goma.

—Puedes resolver tu problema con la cadena si usas una correa. A nosotros nunca nos fallan.

Era una idea genial. Una polea era justo lo que necesitaba para incrementar la tensión insuficiente entre el plato y el piñón de mi bicicleta, motivo por el cual la cadena no dejaba de soltarse. Aparte, una correa no necesitaba que la engrasaran constantemente.

Fui al depósito de chatarra y no tardé en dar con dos poleas de un viejo motor de bombeo de agua. Usé una pieza de acero para soltar los pasadores que las sujetaban a la máquina, pero el agujero central de la polea más grande era demasiado grande para mi eje, así que tuve que soldarlo todo al plato de la bici.

Para entonces, el señor Godsten ya no se burlaba de mí y, siempre que me veía llegar con alguna pieza del depósito, sonreía y encendía el soplete.

—Tú dirás —decía.

También me dejó usar su amolador para redondear los dientes del plato.

—¡Esto es por mis cicatrices! —dije, haciéndolos desaparecer bajo una lluvia de chispas.

La polea funcionaba muy bien, pero no tenía una correa adecuada. Geoffrey había prometido que trataría de conseguirme una, pero, mientras tanto, decidí cortar el asa de una vieja bolsa de nailon y usarla como correa. No pasaron más de diez segundos antes de que se saliera de su lugar. Incluso abrí algunas pilas y saqué la pasta de cloruro de amonio, esperando que funcionara como un pegamento, pero no duró más que unas pocas horas.

Poco después, un hombre mayor del mercado me dio la correa de una fresadora que él usaba para sujetar hortalizas a su bicicleta. Como estaba rota, traté de arreglarla con una aguja de *crochet* y fibra de carbono sacada de la rueda de un camión, pero no duró mucho. Sin embargo, como no tenía otra alternativa, usé ese sistema durante dos meses.

Por fin, Geoffrey volvió de Chipumba con una correa en condiciones que funcionaba de maravilla. Ya no iba a hacerme más heridas. Aún mejor, ya no iba a tener que levantarme de la cama temprano para encaramarme a la torre. Al contrario, ahora cuando el gallo me despertaba al amanecer, el sonido monótono de la máquina hacía que volviera a quedarme dormido en cuestión de segundos. A veces, de todos modos, el canto del gallo era tan persistente que no había manera de volver a conciliar el sueño.

—¡Oye! —gritaba yo—. ¡Si no te callas de una vez, te juro que te voy a amarrar a las aspas del molino!

"¡QUIQUIRIQUÍÍÍ!".

No servía de nada. Tener luz en casa ya resultaba complicado, pero hacer callar al gallo era sencillamente imposible.

13
EL INVENTOR INQUIETO

Ese mes de enero, los estudiantes volvieron a Kachokolo. Una mañana, sentado junto a la carretera, los
vi pasar, riendo y hablando de sus compañeros y sus
profesores. Me fui a casa, me metí en mi habitación y
cerré la puerta.

Yo seguía jugando al *bawo* con los muchachos y,
cuando me preguntaban que cuándo volvería a la escuela o alardeaban de sus calificaciones, o bien me callaba o
bien les contestaba que prefería no hablar de ello. Después de un tiempo, nadie volvió a preguntarme nada.

Fue por aquel entonces que empecé a reparar en
los fantasmas. No fantasmas como en los cuentos, sino
muchachos que habían dejado la escuela y se pasaban el
día perdiendo el tiempo en el mercado. Los veía afuera
de las tiendas, descalzos y harapientos, esperando algún

trabajito que les permitiera ir al bar a gastarse el dinero.

Iban por la vida sin otro plan que conseguir algún *ganyu* de vez en cuando. Empecé a temer que fuera a convertirme en uno de ellos, que llegara un día en que mi molino de viento dejara de entusiasmarme o resultara demasiado complicado de mantener y mi vida se viera reducida a los campos de maíz y los bares. Era fácil alejarse de los sueños.

Me enfrenté a esos pensamientos tratando de mantener una actitud positiva. Todas las semanas regresaba a la biblioteca para seguir aprendiendo e inspirándome. Leía novelas, libros de gramática y practicaba mi inglés, además de seguir recurriendo a los habituales *Física razonada*, *Usos de la energía* y *Ciencias integradas*, en busca de otras maneras de ayudar a mi familia.

Como el molino había sido un éxito, sentía que tenía que hacer algo todavía más importante, y empecé a pensar en mí como en una estrella de *reggae* que tenía que grabar otro éxito después de haber producido un álbum que estaba en el número uno. Los fans estaban esperando, o eso pensaba yo; así que buscaba mi próxima gran idea en los libros.

Muchas de las personas que venían a ver el molino decían que se parecía a una antena y que bien podría fabricar una.

Eso despertó mi curiosidad y, tras pensar un poco, fui a ver a Geoffrey para explicarle una idea.

—Oye, la gente no para de decirme que el molino les recuerda a una antena, así que vamos a darles una.

—¿A qué te refieres?

—Vamos a crear una emisora de radio.

Esa misma tarde, nos pusimos a buscar en nuestro taller y encontramos dos radios medio destartalados. Quería poner a prueba una teoría. Una noche, semanas atrás, había habido una gran tormenta. Yo me encontraba en mi habitación, escuchando música en el radio, cuando se oyó un trueno y la señal se interrumpió durante un instante, como si el rayo la hubiera cortado.

Así que cogí los dos aparatos, sintonicé uno en una frecuencia en la que solo se oían interferencias y el otro exactamente en la misma. Al hacer eso, el segundo radio dejó de sonar. ¿Acaso la frecuencia del primero había interferido en la otra como había hecho el rayo? De ser así, yo debía ser capaz de poner mi voz encima de esa frecuencia y pasarla al otro aparato.

Uno de esos equipos era un pequeño reproductor de casete portátil con radio incorporada, así que puse el dial del primero en una frecuencia vacía y el otro en modo casete. Me di cuenta de que había unos cables que iban de los cabezales del reproductor a los altavoces, así que los desconecté de allí y los conecté al condensador del reproductor, que es lo que controla la frecuencia. Tal vez, en lugar de llegar al altavoz, la música podía colarse en una frecuencia y transmitirse de un aparato a otro.

Puse mi cinta de los Black Missionaries y dije:

—Allá vamos.

Apreté el botón de *play* y, como sospechaba, ¡la música empezó a sonar en el otro aparato! El reproductor portátil era el transmisor, de modo que, si tuviera varios radios sintonizados en la misma frecuencia, todos estarían tocando la música de los Black Missionaries.

—¿Cómo podría hacer lo mismo con mi voz, señor Geoffrey? —pregunté.

Desconecté los cables del condensador y volví a conectarlos a otro altavoz que había sacado de unos auriculares viejos, convirtiéndolo en un micrófono. Volví a apretar el botón y empecé a hablar por el micro.

—Uno, dos. Probando —dije.

Oí mi voz saliendo por el otro aparato.

—Buenas tardes, Malaui. Les habla su presentador favorito, William Kamkwamba. Tengo a mi lado a mi estimado compañero, el señor Geoffrey. El programa que estaban escuchando ha sido interrumpido.

A partir de entonces, Geoffrey y yo nos pusimos a experimentar con nuestra modesta emisora. Él salía al patio con el radio mientras yo me quedaba en la habitación y empezaba a cantar sus canciones favoritas de Billy Kaunda. Incluso estando fuera, Geoffrey podía oír mi voz perfectamente; no me corté.

—¡Van a sangrarme los oídos! —gritó él al cabo de un rato—. Pero sigue cantando; ¡esto es una pasada!

Cuanto más se alejaba él de mi dormitorio, más débil era la señal. A unos trescientos pies, desaparecía completamente; lo que, probablemente, supuso un alivio para Geoffrey.

—Si tuviéramos un amplificador, podríamos transmitir a mayores distancias —dije.

Geoffrey, no obstante, temía que nos detuvieran por interferir las ondas. La gente no dejaba de advertirnos de que tuviéramos cuidado o acabaríamos teniendo problemas con la compañía eléctrica, pero a mí me parecía una tontería.

Si las primeras personas que experimentaron con grandes inventos, como radios, generadores o aeroplanos, hubieran tenido miedo de que las detuvieran, nunca hubiésemos podido disfrutar de todas esas cosas.

—Que vengan por mí —decía yo—. Será todo un honor.

No tardé en empezar a poner a prueba cualquier idea que cruzaba por mi mente.

A lo largo del siguiente año, estuve todo el tiempo planeando o ideando algún nuevo proyecto. No obstante, si bien el molino y la radio habían tenido éxito, no pude decir lo mismo de otras empresas.

El proyecto que más me entusiasmaba era el de bombear agua, cosa que había tenido en mente desde aquel día en la biblioteca. Igual que con el molino, primero diseñé una bomba experimental para familiarizarme con el concepto. Me basé en una imagen que salía en *Física razonada* de una bomba estándar, que usa un pistón y una serie de válvulas para ir empujando agua hacia afuera. El mejor ejemplo eran las bombas de mano que mi madre y mis hermanas usaban en Wimbe para sacar agua.

Mi objetivo era poner una bomba en el pozo que teníamos en casa, que no era más que un boquete de cuarenta pies de profundidad del que sacábamos agua para lavar la ropa y limpiar el suelo, puesto que no era potable. Hasta entonces, el único modo de sacar agua era con un cubo y una cuerda. Iba a necesitar una tubería lo bastante larga para llegar al fondo del pozo.

Pocos días antes, me había tropezado con algunas tuberías de riego medio enterradas en el suelo del depósito de chatarra, así que cogí mi azadón y me fui a desenterrarlas.

La primera que saqué era una ancha tubería de plástico que iba a usar para la parte exterior. La segunda era metálica y con un diámetro ligeramente menor, y resultaría perfecta para hacer de pistón. El señor Godsten me soldó una arandela en un extremo de la segunda tubería, dejando libre el agujero central. Alrededor de la arandela pegué una gruesa tira de goma de una llanta que hacía las veces de sello. Luego, le pedí a Godsten que doblara la parte de arriba de la tubería para tener una especie de asa.

Cuando la tubería metálica se movía hacia arriba y hacia abajo, creaba una especie de vacío dentro de la tubería de plástico. Si se movía para arriba, el agua entraba en la tubería exterior, y si se movía para abajo, el sello de goma se abría y empujaba el agua hacia la superficie, haciéndola pasar por un agujerito y llenando el cubo.

El problema era que la válvula de goma creaba demasiada fricción contra la tubería de plástico. Mi madre, mis hermanas y otras mujeres trataron de usar la bomba, pero se dieron cuenta de que resultaba demasiado complicado.

—No consigo que se mueva —se quejó mi madre—. Es como si estuviera atascada.

Probé a engrasar la tubería, pero el agua fría del pozo hacía que la grasa no actuara como era debido y no tardé en darme por vencido.

La bomba había sido un fracaso, pero eso no fue nada comparado con mi intento de crear biogás.

Como mencioné anteriormente, la deforestación hacía que en Malaui fuera cada vez más difícil encontrar madera para cocinar, y seguir intentándolo solamente agravaba el problema. Normalmente, una buena cosecha de maíz nos proporcionaba suficientes mazorcas secas para usar como combustible durante cuatro meses. En cuanto se acababan, no quedaba más remedio que buscar madera.

Además de ir a Wimbe a buscar agua, mi madre y mis hermanas recorrían a menudo dos millas hasta el pequeño bosque de eucaliptos que había junto a Kachokolo para coger madera que todavía estaba verde y que generaba un humo espeso y blanco sumamente molesto. Esa tarea requería, por lo menos, tres horas. Un día, me asomé a la cocina y vi a mi pobre madre revolviendo la olla de *nsima* con los ojos entrecerrados y lágrimas corriéndole por las mejillas por culpa del humo. Todos los años, ella y mis hermanas acababan teniendo unos horribles ataques de tos.

En Malaui, ese era un problema común entre todas las mujeres. Esos viajes al bosque cada vez duraban más, y la deforestación solo provocaba más sequía y más inundaciones.

Alguien debía acudir al rescate de nuestras mujeres y nuestros árboles. "¿Por qué no puedo ser yo?", pensé.

Desde que construí el molino, las mujeres me habían estado preguntando si mi viento eléctrico ayudaba a mi madre a cocinar, pero la verdad era que no generaba suficiente voltaje para alimentar una estufa eléctrica, y mucho menos un horno eléctrico convencional.

Unas semanas antes, sin embargo, mientras hacía pruebas con cables y baterías, se me ocurrió una idea. Cogí un trozo largo de alambre de cobre y le di veinte vueltas alrededor de una espiga gruesa, como las que usábamos para los techos y las cercas. Luego, conecté ambos extremos a una batería de doce voltios y comprobé que se calentaba. En cuestión de segundos, el alambre de cobre estaba al rojo vivo y la espiga se quemó. Fue un experimento muy sencillo, pero me hizo pensar que, quizá, algo parecido podía ayudarme a hervir agua.

No podía colocar una olla de metal encima de una bobina de cable porque dejaría pasar la corriente, y tampoco podía usar una olla de barro porque pesaba demasiado y aplastaría la bobina. Así que fabriqué una especie de varita mágica usando un bolígrafo vacío. Esa clase de bobinas ya existían y las había visto en el mercado, pero estaban alimentadas por la electricidad de la ESCOM. Conecté la mía a una batería de doce voltios y la metí dentro de una olla llena de agua. En cuestión de cinco minutos, ya hervía.

Aquello, sin embargo, era demasiado simple. Yo quería crear algo más complicado. *Ciencias integradas* contenía una breve sección sobre energías alternativas, como la solar y la hidráulica, que yo ya había estudiado. También hablaba de algo llamado biogás, que se conseguía convirtiendo excrementos animales en combustible que podía usarse para cocinar. El libro describía el largo proceso requerido para obtener ese gas. Había que enterrar los excrementos en un pozo y dejarlos meses y meses antes de que el gas pudiera ser pasado por una válvula. Pero yo no tenía tiempo para eso.

"No necesito un pozo", pensé, "y tampoco hace falta que espere tanto".

Así que decidí idear un plan. Sin que mi madre me viera, entré en la cocina y cogí la olla de barro que usaba para cocinar frijoles. Lo siguiente era conseguir "materia orgánica", como el libro la denominaba, y no tenía que buscar muy lejos. La tía Chrissy tenía dos chivas metidas en un cerco detrás de su casa y el suelo estaba cubierto de sus heces, que tenían forma de bolitas oscuras. Cogí una bolsa, me aseguré de que nadie estuviera mirando y salté el cerco. Recogí todo lo que pude y volví a la cocina.

Mi madre estaba ocupada con el huerto, lo que me daba tiempo de sobra para trabajar. Primero metí los excrementos en la olla y la llené de agua hasta la mitad, haciendo que las bolitas se hincharan y flotaran. Luego tapé la olla con una bolsa de plástico y pasé una cuerda alrededor del borde de la olla para sellarla. Para la válvula, corté el extremo de una antena de radio y pasé aquel tubito hueco por el centro del plástico. Por último, tapé el agujero con una caña.

Las brasas que había dejado mi madre después de

preparar el desayuno todavía estaban calientes, así que eché algunas mazorcas secas para avivar el fuego. Puse la olla encima y aguardé a que sucediera la magia.

—Kamkwamba —me dije—, esta vez te has superado.

Al cabo de unos minutos, el agua empezó a hervir. La bolsa se infló debido al vapor, pero la cuerda la mantuvo en su sitio. Esperé unos minutos más, sin apenas poder contener la excitación.

Antes de poder sacar el gas, mi madre entró en la cocina.

—¿Qué es ese olor? —exclamó.

—Bi... biogás —balbuceé—. Es...

—¡Es horrible! ¿Qué tienes metido ahí dentro?

No tenía tiempo de explicárselo. Aquello estaba a punto de reventar, así que tuve que actuar rápido. Era el momento de destapar la válvula y encender el gas.

Saqué el trozo de caña e, inmediatamente, surgió un chorro de gas grisáceo. Mi madre tenía razón: aquello apestaba. Cogí una espiga seca que tenía a mano, la encendí y, a continuación, corrí hacia la puerta y aparté a mi madre.

—¡Atrás! —grité—. Esto puede ser peligroso.

—¿Qué?

Me asomé por la puerta, lancé la espiga hacia la válvula y me tapé los ojos para protegerme de la explosión. No obstante, lo único que tuvo lugar fue un pequeño chisporroteo inofensivo. No obtuve otra cosa que una espiga mojada y maloliente.

Mi madre estaba furiosa. Me sacó de la cocina a gritos.

—¡Mira lo que has hecho! ¡Has echado a perder mi mejor olla! ¿A quién se le ocurre hervir caca de chivo? ¡Deja que se lo cuente a tu padre!

Traté de explicarle que solo trataba de ayudarla, pero no era el momento más indicado para ello.

En 2006, cuando yo ya tenía dieciocho años, Malaui sufrió otra hambruna.

Aquel año, gracias a un cambio de gobierno, mi familia había podido comprar algunos sacos de fertilizante. Al principio, las lluvias llegaron como de costumbre. Sembramos los campos, esperamos a que las semillas germinaran, añadimos una cucharada de fertilizante y rezamos para que todo fuera bien.

Llegado el mes de enero, las plantas, encantadas con tanta agua, nos llegaban a los tobillos y ya empezaban a salirles brotes. Sin embargo, justo cuando ya habían alcanzado la altura de las rodillas de mi padre, las lluvias cesaron por completo. Cuando el *dowe* debía estar listo, la mayoría de las mazorcas se habían arruinado. El gobierno se apresuró a prometer ayudas, pero la gente estaba cada vez más furiosa y preocupada.

Cuando la hambruna ocurrida entre los años 2001 y 2002, la gente les había echado la culpa a los políticos corruptos que habían vendido las reservas. En esta ocasión, sin embargo, en lugar de culpar al clima, culparon a la magia. Y todas las miradas se centraron en mí.

La población todavía era muy supersticiosa y varios incidentes que habían salido por la televisión habían avivado viejos miedos. Durante la otra hambruna, habían corrido rumores de vampiros que robaban y vendían partes de personas. Lo siguiente fue que una extraña bestia había aparecido en Dowa y había empezado a atacar los pueblos. Había quien aseguraba que se parecía a una hiena, mientras que otros afirmaban que se trataba de un león con cara de perro. Esos supuestos ataques provocaron que mucha gente abandonara sus casas y buscara refugio en el bosque, donde en realidad estaba más expuesta a las agresiones de ese raro animal.

La policía llevó a cabo búsquedas que duraban toda la noche hasta que, finalmente, consiguió cercar a la bestia contra unos matorrales y abrió fuego sobre ella. No obstante, en lugar de morir, aquel ser se dividió en tres animales distintos y desapareció entre la espesura. Los aldeanos convocaron a su *sing'anga*, que preparó una poción y roció con ella los árboles. A la mañana siguiente, el monstruo, no más grande que un perro, yacía muerto en la carretera. Luego se descubrió que aquel animal era producto de la magia. Un comerciante que estaba cerca de Dowa le había comprado rayos y truenos a un brujo poderoso y se había negado a pagar. Como venganza, el brujo había enviado a un monstruo a atacar su aldea.

Aquellas historias, si bien eran ridículas, no habían hecho más que aumentar el miedo que la gente le tenía a la magia. Así que, en 2006, cuando hubo otra hambruna a la vista, muchos volvieron a echarle la culpa a la magia. Un día de marzo, cuando ya habían pasado semanas desde la última vez que había llovido, unos nubarrones de tormenta aparecieron a lo lejos.

—Miren —dijo la gente, aliviada—. ¡Seguro que hoy llueve!

—¡Por fin! ¡Estamos salvados!

Pero, en cuanto tuvimos las nubes encima, empezó a soplar un fuerte viento que nos llenó la boca y los ojos de polvo rojo, y provocó varios tornados pequeños que atravesaron los campos, arrasando todo lo que encontraban a su paso. Al final, las nubes pasaron de largo y no cayó una sola gota de agua.

Una vez que el sol abrasador volvió a brillar en el cielo, la gente se reunió frente a mi casa y señaló al molino. Las aspas giraban con tanta fuerza que la torre se mecía de un lado a otro.

—¡Miren! El ventilador gigante alejó las nubes. ¡La máquina del muchacho ahuyentó la lluvia!

—¡Es un invento del diablo!

—¡Es una torre para atraer a las brujas!

—Esperen un momento —dije—. Hay sequía en todo el país. Mi molino no tiene nada que ver con esto.

—¡Lo vimos con nuestros propios ojos!

Tuve miedo de que esas personas regresaran en cualquier momento y tumbaran el molino, o algo peor, así que me pasé la semana sin salir de casa. Incluso detuve las aspas durante el día para no levantar más sospechas.

La gente del mercado habló con Gilbert.

—Dinos la verdad. ¿Es cierto lo que dice él de su viento eléctrico? ¿O tu amigo es un brujo?

—No es ningún brujo —contestó Gilbert—. Esa máquina es un molino de viento, fruto de la ciencia. Yo lo ayudé a construirlo.

—¿Estás seguro?

—Pues claro. Ustedes también lo han visto.

Muchas de esas personas, incluso, habían usado el molino para cargar sus celulares, pero echarme la culpa a mí les servía para sobreponerse a sus temores ante una posible hambruna. Afortunadamente, el gobierno no tardó en intervenir y distribuyó toneladas de maíz a los mercados. Unos meses más tarde, varias organizaciones humanitarias ofrecieron más ayuda. Nadie pasó hambre ni murió a causa de ello.

Se había evitado una catástrofe, pero había quedado patente el atraso en el que estaba sumida la población, algo que sigue resultando frustrante hoy en día.

14
EL MUNDO DESCUBRE WIMBE

A pesar del incidente por culpa de la superstición, mi fama de inventor hizo que se me presentaran otras oportunidades. Ese mismo año, uno de los profesores de la Escuela Primaria de Wimbe me preguntó si yo estaría interesado en crear un club de ciencias para los alumnos. Mi molino le había impresionado y quería uno igual para la escuela.

—Los alumnos te admiran —me aseguró—. Tus conocimientos de ciencias serán un reto para ellos.

—Claro —dije—. Cuente conmigo.

El molino que construí para la escuela fue mucho más pequeño, casi como había pasado con mi primer experimento con un radio. Para las aspas, usé uno de los cubos metálicos donde metíamos el maíz y, como generador, el motor de un radio. Lo sujeté todo a una rama de eucalipto y conecté los cables a mi viejo radio portátil Panasonic. Lo hice todo una mañana, a la hora del recreo, mientras los niños jugaban fútbol. En cuanto conecté los cables, el patio se llenó de música, lo que causó no poco revuelo entre los alumnos.

Aquel molino no solo les permitía escuchar música y noticias, sino que también podían cargar los celulares de sus padres. Todas las mañanas, les explicaba los fundamentos de la ciencia y les facilitaba algunos ejemplos comunes de innovaciones sencillas, como, por ejemplo, que la tinta se hacía originalmente con agua y polvo de carbón. También les enseñé el experimento del vaso y el cordón que salía en mis libros, un ejemplo ilustrativo de cómo funcionaba un teléfono; y les mostré que yo había construido todo con materiales de uso cotidiano.

—A nuestro alrededor tenemos montones de cosas que pueden reutilizarse —les dije—. Donde otros ven basura, yo veo oportunidades.

Tenía la esperanza de conseguir despertar algo de curiosidad en ellos, porque, si lograba enseñar a otros a construir molinos de viento, pensé, ¿qué otras cosas podríamos llegar a construir juntos?

—La ciencia nos permite inventar y crear —continué—, fabricar cosas nuevas que nos faciliten el día a día. Si entre todos inventamos algo que mejore nuestra calidad de vida, podemos cambiar Malaui.

Más tarde, averiguaría que el molino había inspirado de tal manera a algunos de los alumnos que habían hecho juguetes basados en él.

Imaginé qué ocurriría si todas esas miniaturas fueran de verdad; si todos los hogares y los comercios de Wimbe contaran con su propio molino de viento. De noche, el valle completo brillaría como un cielo lleno de estrellas. Proporcionarle electricidad a mi pueblo ya no parecía el sueño de un loco.

A principios del mes de noviembre de 2006, varios empleados del Programa Malauí de Preparación de Profesores se encontraban visitando la biblioteca de la Escuela Primaria de Wimbe cuando repararon en el molino que había en el patio. Le preguntaron a la señora Sikelo quién lo había construido y ella les habló de mí. Uno de ellos llamó a su jefe, el doctor Hartford Mchazime, y le explicó lo que había visto.

Unos días más tarde, el Dr. Mchazime manejó cinco horas hasta Wimbe, y se quedó todavía más sorprendido cuando llegó a mi casa y vio el molino que teníamos allí. Saludó a mi padre y le preguntó si podía conocer al muchacho que lo había construido.

—Ahora mismo —contestó mi padre, llamándome.

El Dr. Mchazime era un hombre mayor, de pelo canoso y mirada amable y paciente. Cuando hablaba, uno se daba cuenta de que su dominio de la lengua era impresionante. Yo nunca había oído hablar tan bien chichewa a nadie y, cuando usaba el inglés, era pura elocuencia.

Me preguntó por el molino y cómo se me había ocurrido construirlo.

—Cuéntamelo todo —dijo.

Le conté la misma historia que ya había explicado cien veces, luego le mostré la instalación eléctrica y el funcionamiento de los botones que había instalado para encender la luz y del interruptor automático. Él, mientras tanto, escuchaba atentamente, asintiendo y preguntando cosas concretas de vez en cuando.

—Estos bombillos son muy pequeños —observó—. ¿Por qué no usas unos más grandes?

—Podría —respondí—, pero una luz más potente requiere más voltaje y el dinamo no es lo suficientemente potente.

—¿Qué estudios tienes?

—Tan solo primer año de secundaria.

—Entonces, ¿dónde aprendiste todo esto?

—He estado sacando libros de la biblioteca.

—¿Quién te ha enseñado? ¿Quién te ha ayudado?

—Nadie —dije—. Lo he aprendido todo por mi cuenta.

El Dr. Mchazime habló entonces con mis padres.

—Tienen luz en casa gracias a su hijo —comentó—. ¿Qué piensan de esto?

—Al principio creíamos que se había vuelto loco —reconoció mi madre.

El Dr. Mchazime rio y sacudió la cabeza.

—Tengo que decirles algo. Puede que ustedes todavía no se hayan dado cuenta, pero lo que ha logrado su hijo es algo asombroso, y esto es solo el comienzo. Verán que mucha más gente vendrá a visitarlo. Tengo la sospecha de que William Kamkwamba llegará lejos. Quiero que ustedes estén listos.

Aquella visita me dejó un tanto confundido, pero muy entusiasmado. Nadie me había preguntado aquellas cosas antes ni se había interesado tanto por mi trabajo. Esa tarde, el Dr. Mchazime volvió a Zomba y les contó a sus colegas lo que había visto.

—Es algo fabuloso —coincidieron todos—. El mundo tiene que conocer a este muchacho.

—Estoy de acuerdo —dijo el Dr. Mchazime—. Y tengo una idea al respecto.

A la semana siguiente, el Dr. Mchazime vino de nuevo a casa, acompañado de un reportero de Radio Uno, el famoso Everson Maseya, cuya voz llevaba años oyendo por el radio. ¡Quería entrevistarme!

—¿Qué nombre le pusiste a tu invento? —preguntó.

—Yo lo llamo viento eléctrico.

—Y ¿cómo funciona?

—Las aspas giran y el dinamo convierte su movimiento en electricidad.

—¿Qué te gustaría hacer con esto en el futuro?

—Me gustaría llevar el invento a cada pueblo de Malaui para que la gente pudiera tener electricidad y agua.

Mientras esperábamos a que Radio Uno emitiera la entrevista, el Dr. Mchazime regresó con más periodistas, hombres que representaban a los medios más importantes del país: los canales Mudziwithu y Zodiak Radio, y los diarios *The Daily Times*, *Nation* y *Malawi News*. Salieron del carro pertrechados con sus cámaras y sus grabadoras y fueron a ver el molino.

Estuvieron dos horas moviéndose por toda la casa, empujándose entre ellos para tomar las mejores imágenes de mis interruptores y mi instalación.

—¡Ya tuviste tiempo de sobra! Ahora me toca a mí —dijo uno.

—¡Aparta, que mi periódico es más importante! —dijo otro.

Enseguida el patio se llenó de gente que vino del mercado a ver a esos periodistas famosos.

—¡Miren, es Noel Mkubwi, de Zodiak!

—Por fin le vemos la cara. ¡Qué hombre tan atractivo!

—¡Y está entrevistando a William!

Uno de los reporteros, incluso, se subió a la torre del molino y se dedicó a inspeccionar las aspas y la bicicleta sin dejar de hacer fotos.

—Mchazime, ¡este muchacho es un genio! —exclamó.

—Sí —dijo él—, y este es uno de los problemas de nuestro sistema educativo, que dejamos escapar a grandes talentos constantemente por culpa de la pobreza. Y cuando los mandamos a la escuela, la educación es mala. Los traje aquí porque quiero que el mundo vea lo que ha hecho este muchacho y que lo ayuden a salir adelante.

El padre del Dr. Mchazime había sido un granjero pobre que había tenido que luchar mucho para vestir y alimentar a su familia, igual que mi padre, y también sabía la importancia de recibir una buena educación.

En una ocasión, de joven, el Dr. Mchazime se había ofrecido a ponerse a trabajar y dejar la escuela para que pudieran ir sus hermanos en lugar de él. Su padre se había negado, alegando que haría lo que estuviera en sus manos para que todos sus hijos pudieran ir a la escuela. Al Dr. Mchazime le había llevado casi diez años terminar su educación secundaria, pero, a partir de entonces, había obtenido títulos en universidades de Malaui, Estados Unidos, Reino Unido y Sudáfrica. Antes de trabajar para el Programa Malauí de Preparación de Profesores, había escrito varios libros de texto, entre ellos el que usaba yo para aprender inglés.

Al día siguiente de haber recibido a los periodistas, Radio Uno emitió por fin la entrevista. Yo me encontraba detrás de la casa, conversando con mi tía, cuando mi madre me avisó.

—¡William! ¡Corre, que sales por el radio!

Nos reunimos todos alrededor del aparato y escuchamos atentamente.

—Un muchacho de Wimbe, cerca de Kasungu, ha creado viento eléctrico —dijo el locutor. En cuanto oyeron mi voz, mis hermanas se pusieron a chillar de alegría.

Como si la entrevista radiofónica no hubiera sido bastante, a la semana siguiente publicaron mi historia en el *Daily Times*, con un gran titular que decía: "Estudiante expulsado resulta ser un genio". Junto al artículo, aparecía una foto mía fingiendo conectar los cables a la batería de mi habitación, incapaz de borrar la sonrisa del rostro. Esa tarde me fui con el diario al mercado para mostrarle a todo el mundo lo que había conseguido aquel loco.

—Te oímos en el radio —dijeron—. La verdad es que hablas muy bien.

En cierto modo, hizo falta que viniera la prensa a casa para que el pueblo, por fin, se tomara en serio mi molino. Después de aquello, el número de personas que vinieron a conocerme se multiplicó por diez.

Poco después de aquello, me puse manos a la obra con algunas mejoras que el molino necesitaba desde hacía tiempo. Me di cuenta de que el árbol de mango que había detrás de la letrina no dejaba pasar las rachas de viento más fuertes, por lo que había que poner el molino más arriba. Mi padre, con el artículo del *Daily Times* debajo del brazo, consiguió convencer al director de la plantación de tabaco para que me diera varios postes gigantes, que usé para construir una nueva torre de treinta y seis pies de alto, lejos del árbol de mango. La velocidad de las aspas se duplicó, igual que el voltaje.

Al día siguiente de que saliera publicado el artículo en el *Daily Times*, Soyapi Mumba, un ingeniero informático y programador de la Baobab Health Partnership, una organización caritativa norteamericana que trabajaba para informatizar el sistema sanitario de Malaui, llevó el diario a su oficina en Lilongwe. Mike McKay, un compañero estadounidense, leyó el artículo y le gustó tanto que decidió escribir sobre mí en su blog, *Hacktivate*. Esa entrada en su blog captó la atención de Emeka Okafor, un famoso escritor y *blogger* nigeriano, que también es director de programa de TED, una comunidad global con sede en Nueva York y Vancouver, que organiza conferencias por todo el mundo. Emeka quería que yo me postulara como asistente y estuvo tres semanas tratando de dar conmigo por todos los medios. Después de pasarse tres días insistiéndoles a los reporteros del diario, consiguió contactar al Dr. Mchazime.

A mediados del mes de diciembre de 2006, el Dr. Mchazime vino a mi casa con los papeles de la solicitud. Nos sentamos bajo el árbol de mango y él me ayudó a responder una serie de preguntas, además de a escribir un breve texto hablando de mi vida. Cuando el Dr. Mchazime se fue, yo seguía sin tener la menor idea de lo que era TED. Ahora, por supuesto, sí que lo sé. Significa "Tecnología, Entretenimiento y Diseño", y es un congreso anual donde científicos y gente que quiere innovar se reúnen y comparten sus ideas.

Yo no estaba seguro del todo de lo que era una conferencia ni de lo que hacía la gente en ellas. La solicitud ni siquiera mencionaba dónde iba a tener lugar. Sospechaba que podía ser en Lilongwe, la capital, pero lo cierto era que no lo sabía. Me imaginé a mí mismo paseando por las calles bulliciosas de la ciudad, cruzándome con todo tipo de gente nueva. Me pregunté qué ropa tendría que ponerme, puesto que todo mi vestuario colgaba de una cuerda en mi habitación y estaba cubierto de polvo rojo que caía del techo. A pesar de todo, ya tenía algo con lo que soñar.

A la semana siguiente, el Dr. Mchazime llamó para avisarme que me habían seleccionado. La conferencia tendría lugar en Arusha, Tanzania, país con el que Malaui limitaba al norte.

—Vas a estar acompañado de otros científicos e inventores —dijo Mchazime—. Asistirá gente de todo el mundo. Puede que salga algo bueno de ello.

Arusha... ¿Cuánto duraría el viaje en bus? ¿Qué pasaba si me entraba hambre? Tendría que llevar mucha comida: pastelitos, maíz tostado... Al fin y al cabo, no tenía dinero.

—Ahora —añadió el Dr. Mchazime—, debemos apurarnos y comprar el boleto de avión.

—¿Voy a ir en avión? Dios mío...

—Sí, y quieren saber si deseas una habitación de fumador o no fumador en el hotel.

—¿Voy a quedarme en un hotel? —pregunté. Yo había dado por sentado que me alojaría en una de esas pensiones que suele haber junto a los barcs, donde se queda la gente pobre.

—Por supuesto —contestó él—. Y tengo otra buena noticia que darte, William: vas a volver a la escuela.

Después de haber traído a los reporteros a casa, el Dr. Mchazime había acudido al gobierno para pedir que me aceptaran en alguna escuela. Incluso había hecho una colecta entre sus colegas para ayudarme a pagar el primer semestre.

Aquel proceso había durado meses. Finalmente, el Ministerio de Educación me había concedido un permiso para ingresar en la Escuela Secundaria Madisi, una escuela pública que quedaba a una hora de mi casa. Sin embargo, no se trataba de una institución especializada en ciencias, como yo hubiera deseado, puesto que los directores de esos centros no estaban dispuestos a aceptarme debido a mi edad y a los años que yo llevaba sin ir a clase.

Sin embargo, el director de Madisi, el señor Rhonex Banda, había quedado tan conmovido por mi historia que se había ofrecido a dedicarme más tiempo que a los otros alumnos para que pudiera ponerme al día cuanto antes, puesto que yo estaba muy atrasado.

Mientras el Dr. Mchazime organizaba mi viaje a Arusha, yo preparé mi equipaje y fui a la escuela. Era la primera vez que iba a vivir lejos de casa. Metí en la maleta cepillo y pasta de dientes, chancletas, una cobija y toda mi ropa polvorienta, y fui a despedirme de Geoffrey y de mi familia, que me esperaban bajo el árbol de mango.

—Supongo que nos veremos pronto —dije.

—Trabaja duro —dijo mi padre—. Quiero que sepas que estamos muy orgullosos de ti.

Geoffrey amarró mi maleta a su bicicleta y fuimos caminando hasta la parada de la camioneta colectiva. Por el camino, me despedí de Gilbert.

—¿Cómo vamos a hablar si no tenemos teléfono? —preguntó.

—Va a ser complicado —respondí.

—Podría ir a visitarte algún día.

—Eso sería fantástico, Gilbert. Hazlo.

—Voy a echarte de menos, amigo mío.

—Lo mismo digo.

La camioneta no tardó en aparecer, levantando una nube de polvo al detenerse. Geoffrey me dijo adiós con la mano y le dijo al chofer que podía seguir su camino.

—Nos vemos a final de curso —dijo—. Cuando llegues, habla con alguien que tenga un teléfono y envíame el número, así Gilbert y yo podremos llamarte.

—Buena idea —dije—. Cuídame el molino, ¿está bien? Avísame si pasa cualquier cosa.

—Claro, no te preocupes.

Me subí a la camioneta junto a los demás pasajeros, me senté sobre un saco de carbón y partimos hacia Kasungu, desde donde tomé un minibús que fue por la autopista M1 hasta la pequeña localidad de Madisi. El minibús me dejó en un cruce a las afueras de la ciudad, junto a una carretera de grava que llevaba a la escuela. Caminé más de media milla arrastrando la maleta hasta que llegué a la puerta. En cuestión de minutos tenía un dormitorio, compañeros de habitación, horarios de comidas y un riguroso programa de clases. Todo era nuevo y un tanto abrumador; pero, por Dios, ¡qué placer estar por fin en una escuela de verdad!

Las aulas de Madisi tenían techos sólidos y sin goteras, suelos de cemento, limpios y lisos, y grandes ventanales que dejaban entrar la luz del sol, pero que no dejaban pasar el frío. Tenía un pupitre para mí solo, con su correspondiente portalápices. Si queríamos estudiar de noche, contábamos con tubos fluorescentes que funcionaban sin problemas, al menos hasta que había algún apagón.

Las clases de ciencias se impartían en un auténtico laboratorio, cuyos estantes estaban repletos de microscopios, rollos de cable de alta resistencia, tubos de ensayo y frascos de ácido bórico. Increíblemente, una de las primeras lecciones que recibí fue acerca de cómo pasa la corriente por una campana eléctrica. Yo había aplicado aquel concepto con el molino y el interruptor automático, pero que me lo explicaran en términos científicos, y en inglés, fue como descubrirlo de nuevo.

No obstante, como cualquier otra escuela de Malaui, Madisi dependía del gobierno para subsistir. En su caso, a diferencia de otras escuelas más prestigiosas, se habían olvidado de ella. La mayor parte del equipo del laboratorio era anticuado y no funcionaba. Los productos químicos estaban caducados y resultaban peligrosos; los microscopios estaban oxidados y rayados; y para la lección sobre la campana eléctrica, no disponíamos de nada que pudiera alimentarla.

—Si alguien tiene alguna pila por ahí, estoy dispuesto a hacerles una demostración —dijo el profesor.

Como no era el caso, tuvimos que usar la imaginación.

Los dormitorios, por otro lado, estaban sucios, y las paredes estaban cubiertas de grafiti. Las tazas de los baños no funcionaban, así que los alumnos nuevos, concretamente yo mismo, teníamos que limpiarlas a diario para evitar que apestaran. Las habitaciones estaban tan saturadas que teníamos que compartir la cama con otro alumno. Mi compañero era un muchacho llamado Kennedy que nunca se dignaba a lavar sus calcetines.

—Oye, podrías lavarte los pies antes de acostarte —le dije.

—Perdona, ni me he dado cuenta —se disculpó—. Te prometo que mañana me los lavaré.

Pero nunca lo hizo. Para colmo, a menudo me despertaba con sus pies tocándome la boca.

Además, como yo era unos años mayor que los demás, algunos alumnos se burlaban de mí.

—Oye, viejo, ¿cuántos hijos dejaste en tu granja? —preguntaban.

—Dos niños —contestaba yo—, y otro más que está en camino. Debe nacer el mes que viene.

—Se cree que es gracioso —decían—. Pasa demasiado tiempo con las vacas.

Un día decidí acabar con las burlas de una vez por todas. Saqué el artículo del *Daily Times* y lo puse sobre la mesa.

—Miren —dije—. Esto es lo que he estado haciendo.

Mis compañeros quedaron impresionados.

—¡Buen trabajo! —me felicitaron.

Después de eso, nadie volvió a burlarse de mí.

La verdad, de todos modos, era que me importaba un pepino porque, después de cinco años sin ir a la escuela, me sentía muy agradecido de haber podido volver a las aulas. Aun así, no podía evitar echar de menos a mi familia y mis amigos, y cada vez que eso sucedía me escondía en la biblioteca, que estaba repleta de libros. Buscaba una silla libre y me sentaba a estudiar las lecciones de Geografía, de Sociales, de Biología y de Matemáticas. Me sumergía en la historia africana y americana, y en aquellos coloridos mapas del mundo. Por más lejos que me sintiera de casa, los libros siempre me recordaban las horas que me pasaba leyendo bajo el árbol de mango.

Mientras yo pasaba los días en Madisi, el Dr. Mchazime se dedicó a organizar mi viaje a Arusha. Me ayudó a hacerme el pasaporte e, incluso, hizo una colecta para comprarme una camisa blanca y un par de pantalones negros. Era la ropa más bonita que yo había tenido jamás. También me dio varios consejos útiles para cuando llegara la hora de viajar. Por ejemplo, me dijo que en el avión yo tendría mi propio asiento, por lo que no tendría que darme prisa en subir ni abrirme paso a codazos como solía ocurrir en los autobuses de Malaui. También me dijo que si la luz que había cerca del servicio estaba roja, eso quería decir que estaba ocupado. Además, como mucha gente se mareaba en su primer vuelo, había bolsas de papel en cada asiento en caso de que uno tuviera ganas de vomitar. Le agradecí toda esa información porque estaba seguro de que me iba a ser muy útil.

Llegado el mes de junio, salí de la escuela y volví a casa a hacer el equipaje. A la mañana siguiente vino un chofer a buscarme para llevarme al aeropuerto de Lilongwe.

—¡Nuestro hijo se va de viaje en avión! —le dijo mi padre a mi madre, sonriendo.

—Así es —dije—. Volaré como un pájaro. Voy a saludarlos cuando pase por encima de ustedes.

—Estaremos mirando al cielo.

Por último, mi padre me metió un cartucho de maní tostado en el bolsillo; todavía estaban calientes.

Esa tarde estaba tan nervioso que, ya en la habitación del hotel, me quedé despierto viendo fútbol en la televisión hasta que amaneció y llegó la hora de abordar.

Una vez en el avión, increíblemente, tenía a mi lado ni más ni menos que a Soyapi Mumba, el ingeniero informático de Lilongwe que había sabido de mí por el artículo del diario. Como es un tipo muy simpático, se presentó sin saber quién era yo. Cuando le dije cómo me llamaba y a dónde iba, no se lo podía creer.

—Dios mío, ¿William, el muchacho del molino de viento? —dijo.

Me contó lo mucho que le había entusiasmado explicarle mi historia a Mike McKay, quien después había escrito de mí en su blog, *Hacktivate*. Soyapi era una de las primeras personas que se habían interesado por mí, ¡y ahora lo tenía sentado a mi lado en el avión! Daba la casualidad de que él también iba a participar en la conferencia gracias a su trabajo para Baobab. Me sentí muy afortunado de habérmelo encontrado.

Mientras el avión se dirigía a la pista de despegue, me puse a estudiar a los demás pasajeros. Todos vestían bien y parecían gente importante, con buenos trabajos y vidas ajetreadas que los obligaban a viajar en avión por todo el mundo. En cuanto la aeronave aceleró y levantó la nariz, apreté la cabeza contra el respaldo y reí.

Ahora, yo también era uno de ellos.

15
TED Y TOM

Una vez que aterrizamos en Arusha, tomé un bus para el Ngurdoto Mountain Lodge, el hotel donde iba a celebrarse la conferencia. En cuanto el bus salió del aeropuerto, miré por la ventanilla para ver si Tanzania era muy distinta de Malaui, pero comprobé que se parecía bastante. La autopista estaba llena de minibuses colmados de gente, y un camión enorme que despedía humo negro por el tubo de escape estuvo a punto de atropellar a un anciano que iba en bicicleta.

Había niños harapientos vendiendo cigarrillos a un costado de la carretera al mismo tiempo que estudiantes ataviados con llamativos uniformes caminaban entre nubes de polvo en dirección a la escuela. Vi mujeres cargando montañas de hortalizas sobre la cabeza y campesinos ocupándose de los cultivos.

Sin embargo, a diferencia de Malaui, en Arusha había muchos árboles; y no solamente eso. En un momento dado, el chofer señaló algo a lo lejos.

—Ahí lo tienen —dijo—. El Kilimanjaro, la montaña más alta de África.

El monte Kilimanjaro tenía un aspecto aún más majestuoso y espectacular de lo que yo había visto en los libros, con la cima cubierta de nieve y nubes alrededor. Costaba imaginar que gente normal, como yo, subiera habitualmente hasta arriba, pero así era. Empecé a hacer una lista mental de todos los lugares del mundo que quería visitar.

La visión de esa montaña me llenó de confianza, pero esta pareció desvanecerse tan pronto como llegué al hotel. El *lobby* era un caos. Estaba lleno de gente blanca hablando en voz alta en inglés y de africanos hablando otros idiomas del continente, todos pegados a sus celulares. Recé para que nadie me dirigiera la palabra y, una vez que me registré en el mostrador de recepción, me quedé en una esquina y traté de pasar desapercibido.

Fue en vano. Al cabo de unos pocos minutos, un hombre se acercó a mí y me extendió la mano. Era pelirrojo y llevaba unas gafas de color verde y violeta.

—Hola, bienvenido a TED —me saludó—. Me llamo Tom, ¿y tú?

Solamente había estado practicando una frase en inglés, así que la solté:

—Me llamo William Kamkwamba y soy de Malaui.

El hombre me miró de manera extraña. A lo mejor me había equivocado y lo había dicho en chichewa.

—Un momento —dijo—. Tú eres el muchacho del molino de viento.

Tom Rielly era el responsable de los patrocinadores de la conferencia TED, incluyendo los que me habían pagado el avión y el hotel. Meses atrás, en Nueva York, Emeka, el *blogger* nigeriano, le había hablado a Tom de mi molino.

—No vas a creerte lo que te voy a contar —le había dicho.

Tom, sin embargo, no sabía que Emeka había movido cielo y tierra hasta dar conmigo.

Después de estar un rato conversando, Tom me preguntó si quería explicar mi historia desde el escenario, delante de toda aquella gente.

Me encogí de hombros. "¿Por qué no?", pensé.

—¿Tienes una computadora? —quiso saber Tom.

Yo dije que no con la cabeza.

—¿Tienes alguna foto del molino?

De eso sí que disponía. Un amigo del Dr. Mchazime había venido a visitarme a Masidi semanas antes y me había ayudado a preparar una presentación en caso de que la necesitara. La habíamos hecho en su *laptop*: hasta ese momento yo había creído que las computadoras eran como televisores grandes que se conectaban a la pared.

Antes de irse me había dado una especie de rectángulo de plástico (una memoria USB) sujeto a un cordón.

—Cuélgate esto del cuello. Dentro está tu presentación —dijo.

Así que, cuando Tom me preguntó si tenía fotos, le di la memoria USB.

—Voy a copiarlas en mi *laptop* —me informó, conectando mi memoria a su computadora.

"Qué gran invento esto de la computadora portátil", pensé.

—Oye, William, ¿has navegado alguna vez por Internet? —preguntó Tom, viendo mi cara de asombro.

"¿El qué?".

—No —respondí.

Tom y yo nos metimos en una sala vacía y me mostró aquella herramienta asombrosa.

—Esto es Google —me explicó—. Aquí puedes encontrar respuestas a todo. ¿Qué te gustaría buscar?

La respuesta era fácil.

—Molino de viento —contesté.

En un segundo, aparecieron cinco millones de resultados: fotos y modelos de molinos de viento que yo jamás hubiera imaginado.

"Dios mío", pensé, "¿donde estaba esto de Google cuando lo necesité?".

A continuación, abrimos un mapa de Malaui y una foto de Wimbe tomada desde el espacio.

Cuando pienso en ello ahora, me causa gracia. Ahí estaba yo, en aquella conferencia en África oriental, junto a algunos de los más grandes inventores del planeta, viendo Internet por primera vez.

Tom me ayudó a abrir mi primera cuenta de correo electrónico y, durante toda la semana siguiente, me mostró una serie de aparatos electrónicos que yo desconocía: *smartphones*, cámaras de video e, incluso, un iPod Nano, que inspeccioné concienzudamente antes de preguntar dónde se colocaban las pilas. No pasó mucho tiempo antes de que aprendiera a *hackear* y reparar iPods y iPhones.

Pero lo mejor de la conferencia TED no fue ni Internet, ni los aparatos electrónicos, ni siquiera el espectacular bufet del desayuno (que incluía carne de varios tipos, huevos, pastas y frutas, y con el que yo soñaba cada noche cuando me acostaba); fueron los demás africanos que se subieron al escenario y compartieron sus ideas acerca de cómo hacer de nuestro continente un lugar mejor para vivir.

Estaba Corneille Ewango, un biólogo del Congo que había arriesgado su vida para salvar especies en peligro de extinción durante la guerra civil que había sufrido el país. Había incluso enterrado su Land Rover y camuflado sus equipos entre los árboles para evitar que los rebeldes los encontraran. Un etíope había inventado una especie de refrigerador que funcionaba evaporando agua de la arena. Otros eran doctores y científicos que usaban métodos creativos para luchar contra el SIDA, la malaria y la tuberculosis. Incluso Erik Hersman, una de las primeras personas, junto a Mike McKay, que había hablado de mi molino en su blog *Afrigadget*, se encontraba allí. Erik, hijo de misioneros, se había criado entre Kenia y Sudán. Lo que dijo, resumía perfectamente a los que allí nos reuníamos:

—Donde el mundo ve basura, África recicla; donde ve chatarra, África ve nuevas oportunidades.

Por lo que respecta a mi presentación, cuando oí que Chris Anderson, el presentador del evento, decía mi nombre, se me aflojaron las piernas.

—No te preocupes —susurró Tom, apretándome el hombro cariñosamente—. Tú respira hondo.

El corazón me latía tan fuerte como un tambor *mganda* cuando subí los escalones que llevaban al escenario para enfrentarme al público, que ascendía a un total de unos cuatrocientos cincuenta asistentes: los inventores, científicos y doctores que habían estado compartiendo sus historias e ideas los días previos, y que ahora iban a escucharme a mí. Cuando estuve sobre el escenario y me volteé, la luz de los focos me cegó, desconcentrándome. Fue como si todas las palabras que había preparado salieran volando.

—Aquí tenemos una fotografía —dijo entonces Chris, señalando detrás de mí, donde apareció una imagen gigantesca de la casa de mis padres, con sus paredes de adobe y su techo de paja, bajo el cielo azul. Casi podía sentir el sol dándome en la cara.

—¿Dónde es esto? —preguntó.

—Es mi hogar. Donde vivo.

—¿Dónde queda? ¿En qué país?

—En Malaui, Kasungu —respondí, dándome cuenta al instante de que me había equivocado—. Kasungu, Malaui, quiero decir.

Me temblaban las manos.

—Hace cinco años tuviste una idea —dijo Chris—. ¿De qué se trataba?

Respiré hondo y traté de hacerlo lo mejor que pude.

—Cuando dejé de ir a la escuela, fui a la biblioteca y conseguí información sobre los molinos de viento.

"Sigue, sigue", me dije.

—Lo intenté y lo hice.

Esperaba que el público se riera de mi bajo nivel de inglés, pero, para mi sorpresa, todo el mundo aplaudió. No solo eso, sino que la gente se puso de pie y empezó a corear mi nombre. Cuando finalmente volví a mi puesto, me di cuenta de que algunos incluso estaban llorando.

Por fin, después de todos los años de penurias, del hambre, del miedo, de no poder ir a la escuela, de sufrir la muerte de Khamba y de todas las burlas que había tenido que soportar mientras trataba de desarrollar mi proyecto, la gente reconocía lo que había logrado. Por primera vez en mi vida, sentí que estaba rodeado de gente que entendía lo que yo había hecho. Fue como si me quitara un enorme peso de encima y lo dejara caer ahí mismo, sobre el suelo del auditorio. Por fin podía relajarme. Estaba entre colegas.

Durante los dos días siguientes, la gente hizo cola para conocerme.

—¿Puedo sacarme una foto contigo, William?

—¡William, por favor, queremos invitarte a comer!

Una frase de mi presentación se convirtió, incluso, en algo así como la máxima de la conferencia. Dondequiera que iba, la gente gritaba: "¡Lo intenté y lo hice!". Me sentía muy halagado. Cómo me hubiera gustado que mis padres, Gilbert y Geoffrey hubieran estado ahí para verlo. Se hubieran sentido orgullosos.

El día que conocí a Tom me preguntó cuál era mi objetivo en la vida. Le contesté que tenía dos: seguir yendo a la escuela y construir un molino más grande que me ayudara a regar los campos de la familia para que nunca más tuviéramos que pasar hambre.

En realidad, el segundo era el deseo de cualquier malauí. Tom, no obstante, parecía muy confiado y, durante los días siguientes, habló con varios amigos y conocidos de la conferencia y les pidió ayuda. Cuando la conferencia terminó, había juntado suficiente dinero para ayudarme a poner mis ideas en marcha. Estoy muy agradecido con todos ellos y espero que Dios los bendiga.

Una vez concluida la conferencia, Tom voló a Malaui conmigo para conocer a mi familia y ayudarme a ingresar en una escuela mejor. Cuando el taxi se metió en el camino de tierra que conducía a mi casa, el molino apareció a lo lejos, imponente, ante mis ojos. Como de costumbre, las aspas giraban rápidamente, haciendo que la torre se balanceara un poco.

—Es mucho más que un invento funcional —opinó Tom—. Es arte, William.

Le di un paseo por la casa y le enseñé la batería de carro y el bombillo. Tom no pudo contener la risa al ver el montón de piezas de radios y tractores que había en una esquina de mi habitación.

—Supongo que todo gran inventor tiene una montaña de chatarra en algún lugar —dijo.

También le mostré cómo funcionaban mis botones de goma y el interruptor automático, y cómo había impermeabilizado el bombillo del exterior. Para el porche, solamente disponía de luces de Navidad, así que había vaciado un bombillo incandescente normal y corriente y había conectado las luces de colores en el interior, por lo que el bombillo exterior hacía las veces de protector contra los elementos y de difusor.

—Esto es mucho más complejo de lo que yo pensaba —dijo Tom.

Reí. Ni siquiera le había hablado de la hambruna.

De vuelta en Lilongwe, Tom y yo fuimos a las oficinas de Baobab Health, que se encontraban junto al Hospital Central Kamuzu, para ver a Soyapi y para conocer, por fin, a Mike McKay. Baobab había sido fundada en el año 2000 por un ingeniero informático medio británico, medio americano, llamado Gerry Douglas, que había creado un programa para que los hospitales de Malaui pudieran ser más efectivos a la hora de registrar y tratar a los pacientes.

Cuando llegamos allí, nos enteramos de que Gerry estaba fuera de la ciudad, así que Mike y Soyapi fueron los encargados de enseñarnos el lugar. Mike empezó mostrándome un pequeño molino de viento que esperaban poder usar para darle energía a la clínica de un pueblo. El generador consistía en el motor de una máquina caminadora, algo que yo no había visto jamás. Mike conectó un taladro eléctrico en un extremo del motor para hacerlo girar, y luego cogió los dos cables y los conectó a un voltímetro, un aparato asombroso que medía el voltaje del motor en cuarenta y ocho voltios, cuatro veces más que el de mi dinamo.

—¿Qué te parece? —preguntó Mike.

—*Yah*, es muy chulo.

Entonces, Mike me dijo que me regalaba ambas cosas.

—¡Muchas gracias! —dije. No podía creer mi suerte. Mike y Soyapi también me enseñaron una batería de ciclo profundo, que, comparada con la que yo tenía en casa, generaba una cantidad de corriente más estable y durante períodos de tiempo más prolongados. Cuando dije que me gustaría probar una, Tom me acompañó a las oficinas de Solair, un distribuidor local de equipos de energía solar, y me compró dos baterías y cuatro lámparas solares, además de bombillos de bajo consumo y materiales para volver a cablear toda la casa.

A la semana siguiente, vinieron varios técnicos a mi casa y estuvieron tres días ayudándome a reemplazar el cableado, a abrir canales para enterrarlo y a instalar enchufes y tomas de corriente en condiciones; no obstante, decidí conservar mis viejos interruptores de chancletas como recuerdo.

También instalamos paneles solares en el techo, que ayudaban a almacenar electricidad para usarla cuando no soplara el viento. Actualmente, todas las casas de mi pueblo tienen uno, además de la batería correspondiente.

Cuando terminamos, la casa entera estaba iluminada todas las noches.

Después de ser rechazado por numerosos centros educativos debido a mi edad, acabé siendo aceptado en el African Bible College and Christian Academy (ABC-CA), una escuela de Lilongwe dirigida por misioneros presbiterianos. El director, Chuck Wilson, era californiano, y mi profesora, Lorilee Maclean, canadiense.

A pesar de que yo estaba bastante atrasado con respecto al resto de los alumnos, la señorita Maclean y el señor Wilson estuvieron de acuerdo en darme una oportunidad, aunque con una condición: que me quedara a vivir en Lilongwe para no tener que regresar a casa y a la pobreza del pueblo cada tarde.

Tenía que encontrar un lugar para vivir.

Como no tenía parientes en la ciudad, Gerry me ofreció una habitación en su casa. Tenía mi propia cama y un escritorio donde estudiar, y Nancy, la empleada del hogar, me preparaba toda la *nsima* que yo quisiera para que no echara tanto de menos mi casa. A pesar de todo, en la ciudad seguíamos sufriendo apagones cada dos por tres. Después de todo lo que había hecho para tener electricidad en casa de mis padres, ahora tenía que pasar horas a oscuras todas las semanas.

—Tendrías que inventar un molino de viento portátil —bromeó Gerry, que con el tiempo se convirtió en un gran amigo y profesor.

Antes, cuando todavía vivía en Inglaterra, piloteaba aviones y trabajaba como mecánico de helicópteros, por lo que yo me pasaba el tiempo preguntándole sobre los motores y otros temas relacionados. A veces, después de cenar, me explicaba cómo funcionaban los helicópteros, cómo hacían las aspas para levantar algo tan pesado y cómo el rotor de cola evitaba que el aparato diera vueltas sobre sí mismo.

Gerry también me ayudó con mi inglés, en particular con la L y la R, dos letras que nos costaba pronunciar a quienes hablábamos chichewa. A menudo, las lecciones tenían lugar delante del espejo del baño para que él pudiera enseñarme cómo poner la boca.

—De acuerdo, William. Observa mi lengua y di "librería".

—Liblelía.

—Li brería.

—Li-blelía.

—No te preocupes. Ya te saldrá.

Las clases que yo tomaba en la ABCCA usaban un temario norteamericano que aprendíamos a distancia, por Internet. Hacía solo dos meses que yo había descubierto la red y ahora la utilizaba a diario para comunicarme con mis profesores de Colorado.

Al principio, me sentía avergonzado de mi pobre nivel de inglés, sobre todo al comprobar que hasta un niño de cinco años construía mejores frases que yo, por lo que me deprimí bastante. Afortunadamente, durante esos primeros días, conté con la inestimable ayuda de mi tutor, un malauí llamado Blessings Chikakula.

El señor Blessings también procedía de una aldea humilde cerca de Dowa, tan pobre, de hecho, que no obtuvo un título universitario hasta que cumplió los treinta. Ahora trabajaba de profesor en la ABCCA.

—No te desanimes —me dijo—. Si lo haces de corazón, puedes lograr cualquier cosa que te propongas.

En cuanto al dinero que había conseguido en la conferencia TED a través de las donaciones, me sirvió para ayudar a mi familia de varias maneras. Cambié los techos de paja de la casa por planchas metálicas; compré colchones para que mis hermanas no tuvieran que dormir en el suelo y cubos con tapa para evitar que el agua acabara llena de insectos; compré mejores cobijas para abrigarnos en los meses de invierno, pastillas para la malaria y mosquiteros para la estación húmeda. También mandé a toda la familia al médico y al dentista.

Además, por fin pude devolverle a Gilbert todo lo que me había pagado. Hacía ya muchos años que su padre había fallecido, tras lo cual él había tenido que dejar la escuela por no poder pagar las cuotas. Así que, gracias a los donativos, pude hacer que Gilbert volviera a estudiar, junto con Geoffrey y varios primos más que no habían vuelto a clase desde la hambruna. Incluso, me ocupé de la educación de los hijos de los vecinos.

Por último, después de muchos años soñando con ello, pude cavar un pozo bien profundo para que mi familia tuviera agua potable. Mi madre dijo que aquello le ahorraba dos horas diarias, que era lo que tardaba en ir y venir del pozo comunitario. Además, adquirí dos tanques enormes que mi padre podía llenar gracias a una bomba alimentada por energía solar y cuya agua usaba para irrigar los campos.

Eso nos permitió tener una segunda cosecha de maíz, por lo que el almacén nunca más volvería a estar vacío. Por supuesto, me aseguré de que todas las mujeres de Wimbe pudieran usar la llave del pozo, ya que era la única fuente de agua corriente en varias millas a la redonda; así que, todos los días, decenas de mujeres venían a llenar sus cubos de agua fresca y limpia sin necesidad de bombear.

Durante mis vacaciones, levanté un molino todavía más alto para bombear agua al que nombré Máquina Verde debido a su color. Ese molino bombea agua del pozo menos profundo que tenemos en casa y sirve para irrigar el huerto, en el que mi madre cultiva espinacas, zanahorias, tomates y papas, tanto para consumo familiar como para vender en el mercado.

Por fin mi sueño se había cumplido.

Mi familia jamás se podría haber imaginado que aquel pequeño molino que construí durante la hambruna cambiaría nuestras vidas de semejante modo y consideraba que aquel cambio era un regalo del cielo. Cuando iba a casa los fines de semana, mis padres me habían puesto un nuevo apodo: me llamaban Noah,* como el

* Noé, en inglés.

personaje de la Biblia que construyó el arca y salvó a su familia del diluvio universal.

—Todos se reían de Noah y mira lo que pasó —dijo mi madre.

Mi padre estaba de acuerdo.

—Gracias a ti, ahora todo el mundo sabe quiénes somos.

En diciembre de 2007, viajé a Estados Unidos para ver los molinos de viento de California, que eran idénticos a los que aparecían en mi libro de texto. Aterricé en Nueva York en pleno invierno, usando solo un suéter, y la mujer del mostrador de la aerolínea me dijo que habían perdido mi equipaje.

—Lo llamaremos cuando lo encontremos —me dijo.

Yo no sabía cómo: no tenía teléfono.

Unos amigos de Tom habían ido a recibirme. En cuanto el taxi salió del aeropuerto, a lo lejos, divisé por fin aquella gran ciudad de la que tanto había leído. Manejamos por carreteras perfectamente asfaltadas, con varios carriles que corrían en cada dirección, pasando por puentes sin agua debajo, y por más carreteras y más puentes. Los altísimos edificios que se alzaban a la distancia parecían estar tan apretados que costaba imaginarse a la gente caminando entre ellos, y mucho menos construirlos.

Daba la casualidad de que Tom vivía en uno de esos edificios, en la parte baja de Manhattan, y que su apartamento estaba en el piso treinta y seis. Me pregunté cómo haríamos para subir hasta ahí arriba. Entonces, uno de los amigos de Tom me hizo subir al ascensor.

—¿Qué es esto? —pregunté.

Apreté el botón y, en cuestión de diez segundos, habíamos subido las treinta y seis plantas. Yo cada vez tenía más preguntas.

Tom me recibió efusivamente. El apartamento tenía ventanas por todas partes y daba la sensación de que uno podía caerse por el borde en cualquier momento. Antes de aquel día, lo más alto que yo había estado, aparte de cuando había viajado en avión, había sido encima de mi molino. Me costó un poco acostumbrarme y, esa noche, hasta tuve problemas para conciliar el sueño.

Al día siguiente bajé a una estación subterránea para tomar el metro, donde vi a la gente entrar pasando unas tarjetas cargadas de dinero por unas máquinas, una idea que me pareció genial. Las aceras de la ciudad, repletas de gente que se movía en todas direcciones, me agotaron. Algo en lo que reparé fue que, en Nueva York, la gente no tenía tiempo para nada, ni siquiera para sentarse a tomar un café, por lo que lo bebían en vasos de papel mientras caminaban y mandaban mensajes de texto. A veces no te veían y chocaban contigo.

Paseando por la ciudad, me pregunté cómo era posible que aquella gente levantara un rascacielos en cuestión de un año, cuando Malaui, en cuatro décadas de independencia, ni siquiera había podido llevar agua corriente a mi pueblo. Podíamos mandar aviones embrujados al cielo y tener camiones fantasma en las carreteras, pero no éramos capaces de tener electricidad en nuestras casas. Tal parecía que nos pasábamos todo el tiempo tratando de ponernos al día. A pesar de tener tanta gente inteligente y trabajadora, seguíamos viviendo igual que nuestros ancestros.

Una semana más tarde, volé a California y visité el zoo de San Diego, donde vi jirafas, hipopótamos y elefantes por primera vez; y eso que a tan solo media hora de camino de Wimbe está el Parque Nacional de Kasungu, donde todos esos animales viven en libertad. Tuve que volar miles de millas, hasta la otra punta del mundo, para poder verlos de cerca. No pude contener la risa.

Sin embargo, de todos los lugares que visité, nada me impresionó más que los molinos de viento de Palm Springs.

Por un instante, antes de entrar en el "parque eólico", me sentí como si estuviera de vuelta en casa. El paisaje me resultaba familiar: prados verdes y frondosos, y montañas a lo lejos, todo bajo un cielo azul radiante. Sin embargo, en aquel vasto espacio que se extendía hasta las colinas, había más de seis mil molinos que surgían del suelo como gigantescos árboles mecánicos.

Los troncos, perfectamente redondos y blancos, eran tan grandes que la casa de mis padres podría haber cabido dentro. Levanté la vista y contemplé las enormes aspas de cien pies que giraban lentamente, como si fueran juguetes de Dios. Cada torre tenía una altura de doscientos pies y la envergadura de las aspas era mayor que la del avión que me había traído a Estados Unidos. El ingeniero jefe del parque me hizo entrar en una de las máquinas, donde varias pantallas de computadora ofrecían toda clase de información, desde el voltaje generado hasta la velocidad del viento y las aspas.

En total, la granja producía más de seis mil megavatios, que eran distribuidos entre miles de hogares mediante un cableado subterráneo. Para que se hagan una idea, con solo seiscientos megavatios podría iluminarse todo Malaui, y todavía sobraría energía. Por aquel entonces, la ESCOM no producía más que doscientos veinticuatro.

Ver aquellas máquinas en persona fue una sensación indescriptible. Ahí estaban, funcionando ante mis ojos. Me di cuenta entonces de que había cerrado el círculo. Las fotos de aquel libro me habían dado la idea, el hambre y la oscuridad me habían dado la inspiración, y yo me había embarcado en aquel viaje largo e increíble. Fue justo entonces cuando me pregunté qué iba a hacer a continuación. ¿Qué me deparaba el futuro? Miré a lo lejos; las montañas parecían bailar entre las aspas de los molinos.

Era como si estuvieran diciéndome algo; que no tenía por qué decidirlo en aquel momento. Podía regresar a África y volver a la escuela. Luego, ¿quién sabe lo que podría pasar? Tal vez me dedicaría a estudiar aquellas máquinas, aprendería a construirlas y tendría mi propio parque eólico en Malaui. A lo mejor, podría incluso enseñar a la gente a construir aparatos más sencillos, como los que yo tenía en casa, para que pudieran disponer de su propia electricidad y fuente de agua. Quizá haría ambas cosas. Independientemente de lo que decidiera hacer, había una lección que iba a quedar grabada para siempre en mi memoria: si quieres lograr algo, tan solo tienes que intentarlo.

EPÍLOGO

Mientras me encontraba de viaje por Estados Unidos, en la Navidad de 2007, recibí una noticia maravillosa. Me habían ofrecido una beca para ingresar en la African Leadership Academy (ALA), una nueva y prometedora escuela para estudiantes de bachillerato que abriría en Johannesburgo, Sudáfrica, y cuyos alumnos iban a ser seleccionados entre los cincuenta y tres países de África con el objetivo de preparar a la próxima generación de líderes del continente. De los mil setecientos estudiantes que se postularon, solamente seleccionaron a ciento seis. Muchos eran emprendedores o inventores que, como yo, habían superado grandes dificultades y habían conseguido mejorar la calidad de vida de su familia y sus vecinos. Otros, simplemente, eran los muchachos más inteligentes de su país y habían sacado las mejores notas.

En el mes de agosto volví a casa a hacer el equipaje y a despedirme nuevamente de mi familia. A la mañana siguiente, tomé un avión hacia Johannesburgo y empecé un nuevo capítulo de mi vida. A pesar de lo duro que había trabajado en mi escuela de Lilongwe, todavía estaba un poco atrasado en inglés y matemáticas. Una vez en la ALA, las clases resultaron ser tan difíciles como había imaginado, y el primer año no fue nada fácil. Cuando notaba que perdía la confianza en mí mismo, pensaba en mi pueblo y en los placeres sencillos que este ofrecía. Echaba muchísimo de menos mi hogar.

Poco a poco, sin embargo, fui mejorando. Mi ánimo se levantó y empecé a darme cuenta del lugar fabuloso en el que me encontraba. El campus de la escuela era muy bonito, con árboles grandes y frondosos, verdes campos de fútbol y pavos reales que se paseaban por el césped. No obstante, lo mejor de la ALA fueron los muchos amigos que hice ahí, gente que, a pesar de su juventud, había vivido cosas extraordinarias.

Estaba Miranda Nyathi, de KwaZekhele, Sudáfrica: durante una larga huelga de profesores que había obligado a cerrar su escuela, había decidido impartir clases ella misma, enseñando matemáticas, ciencias y geografía para que nadie se quedara atrás. O mi amigo Paul Lorem, uno de los "niños perdidos" de Sudán, quien había sobrevivido a la guerra civil que había asolado su país y había vivido sin sus padres en un campo de refugiados. Lo mismo le había sucedido a mi compañero Joseph Munyambanza, que había huido de la guerra del Congo y había vivido en un campo de refugiados de Uganda, donde había asistido a clases en una tienda de campaña.

Por primera vez en mi vida, estaba rodeado de gente de vidas y culturas variopintas, personas que, además, hablaban lenguas distintas a la mía. Aprendí swahili conversando con Githiora, mi compañero de habitación de Kenia, y con otros amigos de Kenia y Tanzania. Mis amigos de Zimbabue me enseñaron shona, e incluso aprendí algo de árabe de otros compañeros marroquíes.

Además de recibir clases de liderazgo y ciencias empresariales, que me encantaban, también nos pidieron que colaboráramos como voluntarios ayudando a la comunidad circundante. Mis compañeros de clase y yo ayudábamos a un orfanato local ocupándonos de su huerto. Las hortalizas que salían de allí servían para dar de comer a los niños y para vender en el mercado, y así poder comprar ropa y otros enseres. Aquello era algo que se me daba particularmente bien porque, además de ser inventor, yo era campesino.

Nunca olvidaré el día de la graduación. Por primera vez en su vida, mis padres tomaron un avión y salieron de Malaui. Cuando aterrizaron en Johannesburgo, con sus luces, su bullicio y la gente hablando en distintos idiomas, no estaba muy seguro de si se alegraban de estar allí o si en cualquier momento iban a volver corriendo al avión. Ayudó que Geoffrey y el señor Blessings viajaran con ellos para ayudarlos y compartir la aventura. No tardaron en relajarse y maravillarse con aquella ciudad tan moderna.

Cuando llegó el gran momento, mi padre estaba visiblemente orgulloso. En cuanto me vio con mi toga y mi borla, se le hinchó el pecho y se le dibujó una sonrisa de oreja a oreja en el rostro.

—Mira a nuestro hijo —le dijo a mi madre—. A pesar de todos los problemas, lo consiguió.

—Sí —respondió ella—. William, hoy nos has hecho muy felices.

Mientras tanto, yo también me encontraba trabajando en un libro sobre mi vida. Mi amigo Bryan Mealer, un periodista que había trabajado en África, vino al pueblo a vivir varios meses con nosotros. Blessings y él se dedicaron a entrevistarme a mí y a mis familiares, además de a toda la gente de Wimbe que me conocía. Al final del día, nos sentábamos juntos y lo plasmábamos todo sobre el papel. A pesar de todo lo que había vivido, escribir un libro me parecía un logro asombroso.

El niño que domó el viento fue publicado por primera vez en septiembre de 2009. Para ayudar a dar a conocer mi historia, Bryan y yo nos embarcamos en nuestra propia aventura a lo largo y ancho de Estados Unidos, recorriendo una docena de ciudades y tomando quince aviones. Hablábamos en escuelas, salas de conferencias, tiendas de libros e, incluso, salimos por la radio y la televisión. En todas las ciudades que visitamos, me asombró la cantidad de gente joven que vino a vernos.

La mayoría de ellos tenía la misma edad que yo cuando construí mi molino, y algunos eran incluso más jóvenes. Sus padres solían decir cosas como "La próxima vez que mi hijo se queje de algo, ¡le contaré que William estuvo a punto de morir de hambre!". Me resultaba gracioso, pero la verdad era que muchos niños me decían que el libro les había encantado porque hacía que la ciencia pareciera algo genial. Además, hacía que el mundo pareciera mucho más interesante que cualquier cosa que hubieran visto por televisión. Oír todo aquello me hizo muy feliz. En lo que a mí respecta, si alguien como yo hubiera venido a Kachokolo cuando estudiaba allí a hablar de ciencia y de experimentos, no lo hubiera dejado en paz.

Hacia el final de la gira de presentación del libro, tuve la suerte de visitar el Dartmouth College de Hanover, New Hampshire. Para ese entonces, yo ya había estado mirando universidades, tratando de decidirme por una, pero Dartmouth fue la que me causó mejor impresión. Formaba parte de la prestigiosa Ivy League, y estaba situada junto a un río y rodeada de calles flanqueadas de olmos. Una de las cosas que más me gustó fue visitar la "biblioteca de herramientas" de la Thayer School of Engineering, donde los alumnos podían probar toda clase de instrumentos y baterías, y acceder a todo tipo de sierras y sopletes con los que podía construirse casi cualquier cosa que a uno se le ocurriera. No veía la hora de contárselo a Geoffrey y Gilbert.

Además de ciencias, también estaba interesado en estudiar historia y política, idiomas como el francés o el mandarín y, tal vez, tomar clases de pintura y teatro. Una de las cosas que más me entusiasmaba era la cantidad de alumnos africanos que tenía la universidad. Visitando el campus, tuve ocasión de hablar en swahili con dos estudiantes de ingeniería kenianos.

—Ven a Dartmouth, hermano —me dijeron—. Aquí tienes una familia.

Me alegro de haber seguido su consejo porque los siguientes cuatro años fueron algunos de los mejores de mi vida.

No diré que la universidad fue fácil. Igual que la ALA, el primer año supuso todo un reto y a menudo me desanimé. A veces era como escalar una montaña muy alta y escarpada; pero con la ayuda de mis consejeros y tutores, además de mucho tiempo estudiando y leyendo, el segundo año fue mucho mejor. Llegado el tercer año, era yo el que ayudaba a los nuevos.

Sin embargo, no me pasaba todo el tiempo en las aulas. En Dartmouth creían en el aprendizaje a través de proyectos, y los laboratorios eran el lugar ideal para experimentar y dar rienda suelta a la imaginación. El primer año, algunos compañeros de clase y yo construimos un refrigerador que no usaba electricidad, sino un intrincado sistema de bombas de agua y de vacío. Logramos que funcionara, pero nunca conseguimos que enfriara tanto como queríamos, así que todavía ando dándole vueltas.

Otro de mis proyectos favoritos fue una especie de máquina expendedora para cargar teléfonos celulares. ¿Se acuerdan de los puestos de carga de celulares que había junto a la carretera en Malaui? El problema era que los teléfonos tardaban mucho en cargarse y la mayor parte de la gente tenía miedo de dejar los aparatos desatendidos. La máquina que inventamos permite dejar los teléfonos seguros mientras se cargan. Primero metes una moneda y la máquina te da una clave que desbloquea una casilla individual equipada con un alimentador. Entonces conectas el celular, cierras el compartimento y vuelves en un par de horas. Lo mejor de todo es que la máquina funciona con paneles solares, por lo que puede usarse en cualquier parte.

Ahora que ya estamos en 2014 y que me he graduado, la gente me pregunta qué planes tengo y dónde pienso vivir. Por supuesto, estaría muy bien quedarme en Estados Unidos, encontrar un buen trabajo en Silicon Valley o en Nueva York y ganar un montón de dinero. Pero ese no soy yo. A pesar de lo mucho que me gusta el país, mi corazón y mi futuro pertenecen a África. Voy a pasarme un año de prácticas en IDEO, una empresa de

diseño de San Francisco, para aprender más sobre negocios y diseño, y luego volveré a casa.

Tengo una larga lista de proyectos que quiero em-
prender en Malaui y muchos de ellos, de hecho, ya están
en marcha. Después de mi primera participación en la
conferencia TED, Tom y yo creamos una organización
sin fines de lucro llamada Moving Windmills Project
para ayudar a financiar mejoras en el medio rural y otor-
gar becas a estudiantes. Parte del dinero proviene de donaciones, mientras que el resto lo consigo viajando por
Estados Unidos hablando de mi vida.

Uno de los principales objetivos de Moving Windmills era reconstruir las escuelas de mi zona. Como mencioné anteriormente, las condiciones tanto de la Escuela
Primaria de Wimbe como de Kachokolo eran terribles.
No había pupitres ni libros ni enseres. No contaban con
electricidad ni agua potable, las ventanas no tenían vidrios y los techos estaban llenos de goteras. La Escuela
Primaria de Wimbe había sido construida en 1950 y había sido diseñada para albergar a cuatrocientos alumnos,
aunque cuando yo iba allí de pequeño éramos más de mil
cuatrocientos. En Malaui, el gobierno solamente finan-
cia ciertos centros educativos y se gasta el resto del dinero en pagar los salarios y el alojamiento de los docentes.

Así que pueden imaginarse lo contento que me puse
cuando Moving Windmills Project se asoció con una organización estadounidense llamada buildOn.org para

ayudarnos a reconstruir la Escuela Primaria de Wimbe. Con sede en Stamford, Connecticut, buildOn.org consta de dos ramas. Una se dedica a promover el servicio a la comunidad entre los estudiantes de bachillerato de Estados Unidos: la limpieza de barrios, el cuidado doméstico de ancianos, los comedores comunitarios, clases particulares a estudiantes de primaria, etcétera. La otra ayuda a levantar escuelas en países pobres de todo el mundo. Desde 1992, la organización ha construido alrededor de seiscientas escuelas en Haití, Nicaragua, Mali, Nepal, Senegal y Malaui.

Empezamos a trabajar en Wimbe en 2010, durante mis vacaciones escolares. Era importante implicar a la comunidad para que todo el mundo sintiera que también formaba parte de aquel proyecto. Los hombres del lugar fabricaban los ladrillos y el resto de los materiales de construcción provenían de Malaui. Llegados a 2014, hemos levantado cuatro nuevos edificios con dos aulas cada uno, lo que significa espacio para doscientos alumnos más, cada uno con su propio pupitre. Además, cada edificio funciona con paneles solares, luces LED y baterías de ciclo profundo; esto permite que tanto pequeños como mayores puedan quedarse estudiando de noche.

También, gracias a la Pearson Foundation, hemos añadido diez mil libros nuevos a la biblioteca donde yo descubrí la ciencia. Ahora, la señora Sikelo tiene tantos libros que los comparte con otras escuelas del distrito.

En lo que respecta a Kachokolo, la gente me pregunta si les guardo rencor por haberme expulsado, pero no es el caso. No hace demasiado, de hecho, volví allí y equipé toda la escuela con paneles solares, además de instalar computadoras conectadas a un programa muy útil llamado eGranary, que permite acceder a las maravillas de Internet en lugares donde no hay conexión a la red. Lo llaman "Internet en una caja", y le brinda a la gente libre acceso a unos tres mil sitios web, cincuenta mil libros y más de cien programas educativos y otra clase de *software*. Incluso, hemos ligado ese programa a una red inalámbrica para que todo el que disponga de un *smartphone* en la región pueda acceder a él en cualquier momento, sobre todo los niños que no puedan permitirse una educación.

En cuanto a mis hermanas, mandé a Doris y Aisha a escuelas privadas. Doris está preparándose para ser enfermera y Aisha está estudiando para graduarse en Desarrollo Rural. Las más jóvenes están ocupadas aprendiendo inglés y enseñándoselo a sus amigas y amigos. También ayudé a Gilbert a abrir un pequeño estudio audiovisual en Kasungu.

En lo que se refiere a Geoffrey, todavía sigue en Wimbe. Su madre enfermó hace poco y necesita que su hijo la ayude con la casa y la granja. Pero eso significa que Geoffrey también puede ayudar a mi padre, que tiene más trabajo que nunca. Gracias a las ventas de mi libro, he creado un pequeño negocio, un molino de maíz en Chamama que mi familia se encarga de supervisar. Y como actualmente nuestra granja produce el doble de cosechas, tuve que comprar dos camionetas para poder transportar el grano al mercado. También estoy tratando de crear una empresa de transportes, así que durante el último año que pasé en Dartmouth, compré por Internet un minibús de Japón que ahora se dedica a llevar a la gente por la autopista principal de Malaui. Mi meta es crear el primer servicio de traslados entre el Aeropuerto Internacional Kamuzu y Lilongwe. Ahora mismo, solo disponemos de taxis y minibuses polvorientos donde lo más probable es que uno tenga que compartir trayecto con chivos y gallinas.

Esos negocios son, principalmente, una manera de poder mantener a mi familia, y ellos harán la mayor parte del trabajo. Cuando yo esté de vuelta, tendré que ocuparme de cosas mucho más importantes. Para empezar, sigo decidido a llevar agua y electricidad a las comunidades rurales más humildes. Ya tengo diseños para perforadoras de suelo fáciles de instalar para que la gente pueda hacerse sus propios pozos de agua, además de modelos de molinos de viento y sistemas de baterías para que todo el mundo pueda tener corriente eléctrica. No solo serán asequibles, sino que me aseguraré de que puedan ser reparados con materiales de uso común, como repuestos de carros, para que no dejen de funcionar nunca.

Quiero que estos proyectos sean el estandarte de un centro de innovación que pretendo abrir en Lilongwe. Será un lugar donde inventores y diseñadores puedan compartir y desarrollar ideas, consultar a ingenieros y demás profesionales, y ver financiados sus proyectos. Lo he diseñado a imagen y semejanza del iHub de Nairobi, creado por otros miembros de TED, que se ha estado centrando, con mucho éxito, en el impulso de la comunidad tecnológica de Kenia. No obstante, en lugar de desarrollar cosas como programas y aplicaciones para teléfonos celulares, nuestro centro aplicará la ciencia y la tecnología para poder darles a los africanos fácil acceso al agua potable, la electricidad, un alojamiento y maneras de ganar dinero. Serán bienvenidas personas de todos los sexos y edades, aunque me gustaría poder atraer a estudiantes jóvenes que, como yo, tengan grandes ideas, pero nadie con quien compartirlas.

Quiero que mi retorno sirva de inspiración a la próxima generación de soñadores.

Los jóvenes representan más de la mitad de la población de África, por lo que el futuro del continente depende de su energía, de sus ideas y del apoyo que les brindemos. Sin embargo, mi historia no está dirigida exclusivamente a ellos. A los niños que estén leyendo este libro, ya vivan en Chicago, Londres o Beijing, les digo que sus ambiciones, sean grandes o pequeñas, son igual de importantes y merece la pena verlas cumplidas. A menudo, las personas con las mejores ideas se enfrentan a los mayores retos. Puede que su país se encuentre en guerra, que no puedan permitirse una educación, que carezcan de medios económicos o del apoyo necesario de quienes los rodean. No obstante, igual que yo, eligen no perder de vista su objetivo porque ese sueño, por muy lejano que parezca, es la cosa más sincera y esperanzadora que poseen. Piensen en sus sueños e ideas como en unas máquinas diminutas que se encuentran en su interior y que pueden obrar milagros. Cuanta más fe depositen en ellas, mayores se harán, hasta que un día serán tan grandes que tomarán el control de sus vidas.

AGRADECIMIENTOS

A Andrea Barthello y Bill, Sam, Mike y Ramsay Ritchie: gracias por acogerme en el seno de su familia. Su hogar siempre ha sido un refugio de la locura que es mi vida a veces. A Tom Rielly: cuando nos conocimos, me prometiste que me apoyarías durante siete años, pasara lo que pasara, y mantuviste tu promesa. Juntos, hemos vivido una aventura inolvidable. Como mis padres estadounidenses, Andrea y tú me han brindado amor, apoyo y sabiduría, cosas por las que siempre les estaré agradecido. Y gracias a Bryan Mealer, con quien hemos escrito este libro y que ha acabado convirtiéndose en un hermano.

A Jackie y Mike Bezos, y a Eileen y Jay Walker, por su cariño y apoyo a mi educación.

A John Collier, Andy Friedland, Karen Gocsik, Brian Reed, Mark Reed, Marcia Calloway, Jim Kim, Carol Harlow, Maria Laskaris, Benjamin Schwartz y Carrie Fraser: gracias por formar parte del "Equipo William" y por todo lo que han hecho para ayudarme a conseguir mi sueño de Dartmouth.

A Christopher Schmidt, mi tutor y mentor. Hiciste lo que no está escrito para ayudarme con mis estudios y mi vida. Si me gradué en Dartmouth, fue en gran parte gracias a tus esfuerzos.

Gracias a Henry Ferris en HarperCollins por ser el primero en publicar mi libro en 2009 y a Andrea Rosen, del HarperCollins Speaker's Bureau, por brindarme la oportunidad de ganar dinero para transformar mi pueblo. Gracias a Lauri Hornik y al maravilloso equipo de Dial Books por ayudarme a transmitir mi historia a niños de todas las edades, primero con un libro con dibujos de la talentosa Elizabeth Zunon y luego con esta edición para jóvenes lectores. Y gracias a mi agente, Heather Schroder, tanto por su amistad como por su incansable trabajo. Gracias a Chiwetel Ejiofor por ser un amigo y un entusiasta de mi historia.

Gratitud eterna a la amable gente de TED: Chris Anderson, June Cohen, Bruno Giussani, Emeka Okafor y al equipo de TED Fellows. No exagero cuando digo que TED me lanzó a mi nueva vida y me ayudó a alcanzar sueños que ni siquiera sabía que existían.

Por último, gracias a mis amigos y mi familia de Malaui por su amor, su apoyo y sus consejos. Gracias a mis padres, Agnes y Trywell, y a mis hermanas Annie, Doris, Aisha, Mayless, Rose y Tiyamike. Lo he dicho muchas veces y lo digo de nuevo: su firmeza y trabajo duro me hacen sentirme orgulloso de ser quien soy. Tío John, abuelo Matiki, abuelo y abuela Kamkwamba, Jefe Wimbe, Khamba..., ¡descansen en paz!

Índice